互联式盈利思维

陈平 著

图书在版编目（CIP）数据

互联式盈利思维 / 陈平著. —西安 : 西北大学出版社，2023.8

ISBN 978-7-5604-5197-8

Ⅰ. ①互… Ⅱ. ①陈… Ⅲ. ①互联网络—影响—企业管理—盈利—研究 Ⅳ. ①F275.4-39

中国国家版本馆CIP数据核字(2023)第154738号

互联式盈利思维

HULIANSHI YINGLISIWEI

作　　者：陈平 著
出版发行：西北大学出版社
地　　址：西安市太白北路229号
邮　　编：710069
电　　话：029-88303059
经　　销：全国新华书店
印　　装：陕西隆昌印刷有限公司
开　　本：787mm × 1092mm　1/16
印　　张：11.75
字　　数：149千字
版　　次：2023年8月第1版　2023年8月第1次印刷
书　　号：ISBN 978-7-5604-5197-8
定　　价：99.00元

自序

互联网时代真的好吗？有人哭，有人笑！
作为一个创业者，这 10 年间，我的企业转型之路从未停止过，
我很清醒，就算强暴，也要拥抱，疯狂拥抱互联网！
但是，对于传统创业者，这个拥抱真的太难了，
转型的路上，全都是刺，刺得你血淋淋，刺得你想退缩。
拼到最后，就是信念，
成功过，失败过，但从未害怕过，
既然选择了干企业，就应该像个勇士一样去战斗，
为了员工，为了客户，为了自己不甘平凡的生命。

今天，我很自豪，
我走出了互联网焦虑症，我得到了让自己惊讶的成果，
我迫不及待，把这些分享给你，
至少，为了获得这一套转型创新的路径，
我付出了超过 5000 万的代价，
我燃烧了超过 7 年的时光！
今天能与你相见，一定能点亮一盏心灯，照亮企业的未来。

——你的好朋友　陈平

前言

互联网时代，所有企业都处在“裸奔”的环境下竞争，价格战更加惨烈，性价比空前透明。

传统企业和创新企业站在不同的高度，拼产品、拼服务、拼价格、拼营销，让那些依靠机会赚钱的企业无处藏身，传统生意一片萧条。

今天是最好的时代，也是最坏的时代，我们赶上了断崖时代！人类从农业文明走到工业文明，是一次断崖，效率提高了 100 倍。

今天是从工业文明到互联网文明，又是一次断崖，效率提高了 1 万倍。

每一次断崖时代，都是生存方式的转型和创新，无论人才还是企业，只有进化才能生存。

在今天方生方死的商业新生态下，6000 多万家传统企业未来的路在何方？

目录 CONTENTS

CONTENTS 目录

B 部分 方法编

A 部分　思维编

PART ONE
传统企业
三大困局
要么转型，要么淘汰

传统企业三大困局

1. 生意不是难做，是会越来越难！传统企业最大的敌人——时代

今天，中国6000多万家中小微传统企业，都遇到了巨大的困境。

要说其中的核心困境，就是认知之困。大家依然固守于以往的经营观，没有从传统走到互联，没有构建与互联时代相匹配的产品观、用户观、营销观、人才观和组织观。

固守旧时代的赚钱经验，却做着新时代的生意，这样的思维和认知，自然把传统企业挡在了今天互联网经济的门外。

不光是传统的中小微企业生意难做，那些以前生意做得很大的企业，照样难做。比如某日化品牌公司，曾经在中国拥有多个子品牌，控制了超过60%的市场。但如今，这家公司却选择从美国的资本市场退市。

还有爱迪生创立的企业，连续127年高速增长，在全球有16家业务单元，都位居一二名，但是今天，这样的一家高科技公司，它们的股价也依然是“跌跌不休”。

那么，这些困局背后的原因到底是什么？

很明显，这已经不是行业发生了问题，也不单纯是企业发生了问题，

而是整个市场环境发生了巨变。生意不是难做，是会越来越难做！对于传统企业来说，最大的敌人是：时代。

2. 传统企业破局：错过互联时代红利，摆脱困局的三大认知

在科技公司领域里，过去，人们提的都是某传统科技公司，但今天，被大众赞叹称道的都是华为。其实这两家公司的历史差不多，创始人的影响力曾经也差不多。但今天的华为却是风光无限，未来可期，而这家传统科技公司却陷入了困境。

传统企业的第一大困境：没有“爆品”

在互联网环境下，没有“爆品”的企业必死！而这家公司之所以陷入困境，第一个原因，就是它没有“爆品”（图 A—1）。

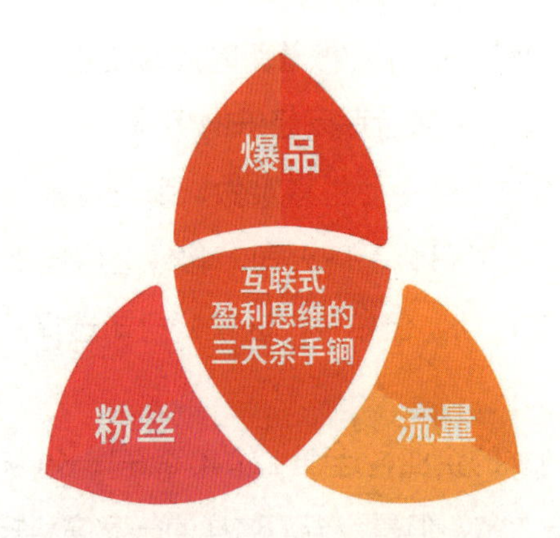

图 A—1 互联式盈利思维杀手锏

今天，所有人谈到做得比较好的企业，比如苹果、华为、小米，都是拥有“爆品”的公司，可以说没有“爆品”的企业在互联环境下，一

定是艰难重重。

曾经在笔记本电脑时代，这家公司收购了外国的笔记本品牌，可以称之为它的“爆品”。但是电脑时代已经过去了。今天智能手机已经全面普及，手机就是电脑，而它却没有了受客户青睐的“爆品”。所以，这是它陷入困境的第一个原因。

传统企业的第二大困境：没有线上流量入口

最开始它是一家做贸易的公司，也就是生产加批发，用大量的线下渠道进行铺货。如今，从线下转到线上，目前它线上最大的渠道商是京东，在国内销售占比 30%。

然而这些渠道都不是这家公司自己控制的，因此在线下渠道萎缩的市场环境下，它既没有线上的流量渠道，也没有构建线上的粉丝流量入口。所以，这家科技公司的业务规模自然陷入困境。

相反，小米为什么今天做得这么好？就是因为小米有自己线上的粉丝入口，它拥有 2.8 亿的“米粉”（小米粉丝的称呼）。所以没有线上流量入口的公司，在互联网时代很难生存。

传统企业的第三大困境：没有经营“粉丝”

华为有“花粉”，苹果有“果粉”，小米有“米粉”，而它却什么“粉丝”都没有。这也就是为什么在它遇到舆论危机、遭到网民集体排斥时，并没有“粉丝”站出来力挺它，因为这家公司没有经营过“粉丝”。

因此，在今天的互联网环境下，没有“粉丝”的公司必定不会“火”起来！

所以，没有“爆品”必死；没有线上入口必死；没有“粉丝”必死。传统企业要逃出困境，就必须要把这三大问题解决掉。

怎么解决呢？就是用互联式的思维，来重新改造这家企业。

3. 没有成功的企业，只有时代的企业！顶级的战略是顺势而为

面对时代，很多老板都知道要转型，可是大部分的企业，要么没有勇气转型，要么转型失败了，这怎么办呢？

其实，如果企业想要继续做大做强，那么就算是找“死”，也必须转型！正如新东方的创始人俞敏洪所言：“宁可死在转型的路上，也不能躺在过去的成功里。”

俞敏洪为什么会这样说？因为新东方一直是以它的线下教学能力为傲，也因此在美国上市之后，成为中国最大的一个教育平台。

但是在互联网时代到来之后，教育培训行业的竞争开始越来越多，很多竞争者都在做“爆品”，在做线上入口，在做粉丝经营。同时也因为国家对 K12 教育的整顿，使得新东方的危机越来越大，于是俞敏洪就必须要扛起转型的大旗。

4. 互联式盈利思维的三大杀手锏：爆品 + 流量 + 粉丝

微观学社（以下简称“微观”）创始人陈平老师，作为互联式商业模式的发起人，在企业管理咨询这个行业里，已经摸爬滚打了近二十年。前十年，主要在线下做教育咨询，那个时候没有移动互联网，没有线上，根本谈不上今天这种便捷的知识电商。

通过这十年的精进努力，取得了一些不错的成绩。但是从 2015 年开始，陈平老师的内心出现了一种莫名的焦虑，他深刻地发现，如果再不借助互联网，再不用互联式的思维来改造这个行业，之后一定是举步

维艰。

所以从 2016 年开始，微观就做了一款“爆品”，陈平老师把自己近二十年企业管理咨询的沉淀，全部在线化，做成线上的视频课程，开创了微观的线上 VIP 会员产品：定价 699 元 / 年的年费会员。

在这个过程中，全公司把所有的精力全部都投入到线上，用了快八个月的时间，只干这一款产品，主打每周两节干货视频大课，一年不少于 100 节，就这样在线上做传播，价格 699 元。

为什么说它是“爆品”呢？因为到线下听过陈平老师课程的人都知道，陈老师线下的咨询课，费用最少是 19800 元，但现在通过互联网，把这近 2 万元的课程内容做成一个在线化的产品，让用户随时随地可以学习，这就是“爆品”的力量。

所以，699 元的年费会员成就了这个“扎根落地服务的商学院”——微观学社。也正是因为这款“爆品”，通过六年多的时间，微观线上会员从几千人，不断裂变成几万人、几十万人。

简单来讲，微观的快速发展，就依靠的是这一条逻辑，“爆品”、线上流量入口和粉丝经营。因此，微观才能够在六年的时间里，成为一个产值过 5 个亿的企业管理咨询公司。

假如它依然用的是传统思维，继续做企业教育培训，那么今天的微观学社可能就不存在了，只会慢慢地销声匿迹，成为历史的泡影。

张瑞敏说：“没有成功的企业，只有时代的企业。”

雷军也说过：“做事情要成功，必须要顺势而为。”

所以在互联时代，一定要用互联时代的思维来经营公司，这才有可能突破当下的困境。

PART TWO

总裁利润三大黄金思维

A1 增长思维：10 倍利润，10 年增长，打造扭转逆势的裂变式增长系统

1. 增长！增长！还是增长！增长是解决企业所有问题的唯一入口

对于企业发展而言，“增长是解决企业所有问题的唯一入口”。也就是说，所有的问题基本上都是因为企业低增长、难增长、没增长、负增长带来的。所以业绩治百病，只要能把增长做出来，很多问题都会有解决的空间和时间。

因此，老板要带着高管、带着核心团队，把关注点聚焦在这两个字——“增长”上。凡是和增长无关的事不要研究，凡是和增长无关的人不要去用。这个时候做企业管理就会变得简单了，只剩下一件事——做增长、打粮食。

所谓的“增长”，是要实现系统的增长。最终的增长不是靠老板出去找关系、接客户、拉订单。靠老板做起来的公司不叫公司，而是叫作坊。所以很多企业干得再大也是个作坊，就是因为它没有系统。

因此，最终的增长是要打造一套 10 倍利润、10 年增长的裂变式增长系统，实现系统自转、员工站立、老板解放。这是老板做企业的真正追求。

2. 企业的经营秘诀：做增长，打胜仗，26 年数据飙升 700 倍

华为的任正非曾说：“华为的经营秘诀就一条，增长，增长，还是增长。”从华为增长曲线可以看出，1995 年企业营收 14 个亿，一直到 2017 年营收 6000 多个亿，再到 2021 年受到打压它还营收将近 9000 个亿，几乎连年都在增长，甚至有的年份还在陡增（图 A—2）。

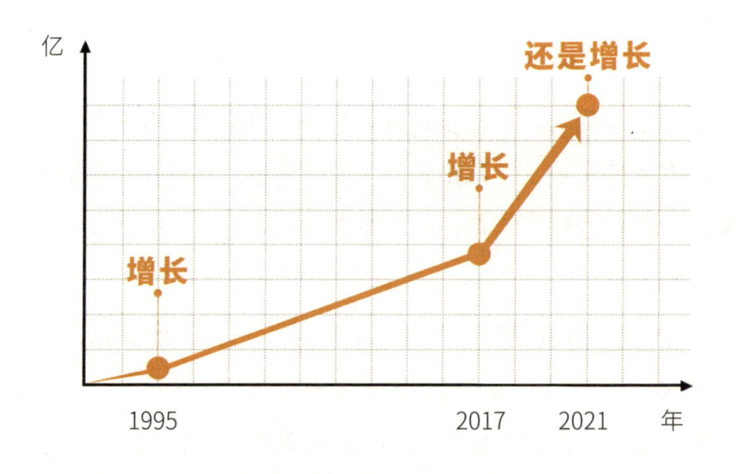

图 A—2 华为增长曲线

所以，这家企业之所以厉害，就是因为它把一切的焦点，都放在了两个字上——“增长”，用任正非的话讲叫作“打胜仗”，打胜仗就是解决团队一切问题的基本入口。

“凡是跟增长无关的人不用，凡是跟增长无关的事不干。”这个话说起来简单，但其实公司里面跟增长无关的人非常多，员工整天做的跟增长无关的事也非常多。

凡是跟增长无关的人，不用
凡是跟增长无关的事，不干

举个公司招人的例子：

第一个，这边在招人，那边人才在流失，像个漏斗一样。如果漏洞不堵住，不想着怎么留人，不想着怎么把人用出来，把人的能力提高，只是在拼命地招人。那利润都会在这个过程中损耗掉了，说白了，就是跟增长无关。

第二个，很多公司稍微成熟一点的人，都在那所谓的搞管理和带团队。成熟的人都不去做具体的事，不去开发客户，不去服务客户，都在培养那些小白，结果呢？都是小白跟客户交流、服务和开发业务，那公司能增长吗？

所以这是很多公司犯的两个病，这就是跟增长无关的事。

因此，老板要重新定义和反思，员工到底应该干什么？凡是跟增长无关的事不要干，凡是跟增长无关的人不要用，这是基本的出发点。

3. 把企业做爆的互联网经济思维：正现金流、正利润、正人效

企业经营者的注意力决定企业的结果！

老板的时间在哪儿，企业的战略就在哪儿；老板的注意力在哪儿，企业的结果往往就在哪儿。以前一把手主要抓管理，抓管理就是问题导

向，遇到问题就解决问题，做计划、定流程、搞考核，这个叫工业时代的产物。

但不得不承认，工业时代遗留下来的很多管理思想，今天都过时了。就好比说以前强调的是执行力，但是执行力真的对吗？如果一件事情本身是错的或者本来就不用去做，结果玩命地搞执行，那执行力越强，那不就错得越离谱吗？

老板不去留住员工，只是天天在研究招聘，招聘的执行力越强，进来的人越多，那这个公司的损耗就越大。在这个层面不断地提高执行力、订计划、做流程、搞考核、给员工发招聘奖金，有什么用呢？本质上这个公司根本就没有增长。

因此，海尔就提出过一个新的理念，“要从职业经理人变成创客合伙人”。

以前职业经理人叫执行力，而创客合伙人叫什么呢？叫创造力。所谓创造力，它是以经营为核心，也就是目标导向。

任何一个组织，大到一个公司，小到一个部门，企业的目标就是：正现金流、正利润、正人效。

第一步要把现金流做起来，第二步要把利润做起来，第三步要把人效做高。能两个人干的事不要三个人去干，能少做一件事就少做一件事，关键是把有用的事做到爆，这就是互联网经济的思维。

反过来，如果不把员工变成创业者，不变成创客。那员工就不会关心经营，不会关心这些目标，每个人都是按部就班，只做自己的本职工作，结果就是公司破产倒闭了。

所以在工业管理时期留下了很多黑洞，比如流程黑洞、分工黑洞、业绩黑洞，为什么会是这个呢？因为工业环境留下的是生产制造的流程思维，也就是流水线（图 A—3）。

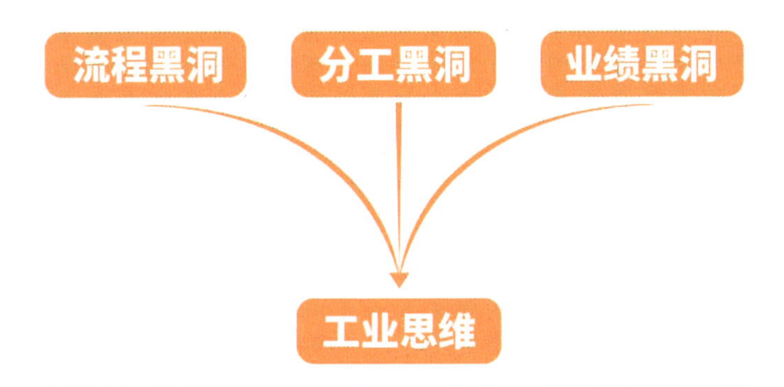

- 线上部门拉数据，数据部门做周转，线下部门做追销，如此专业分 工，为什么业绩垮塌？
- 网络发布招聘，人力资源安排面试、培训、入职，为什么人才进不来，进来留不住？
- 计划、分工、招人、带人，这个思维有出路吗？

图 A—3 工业思维问题

从福特汽车的生产开始就有了流水线，一个人盯一个岗位，那个年代的市场环境是供给小于需求，而且生产制造是稀缺的，所以产品稀缺，只要能生产，市场就有购买力。

在物资短缺年代，电视、洗衣机、自行车等都凭票供应。而海尔集团正是在这种供不应求的市场经济环境下创立的。他们扩大生产线，买厂房、投设备，每个人都像个螺丝钉，围绕着生产线去转，产品源源不断供给市场。

但是，今天这个时代，有些行业产能过剩，生产出来的产品，市场不能完全消化，做得再好都变成了库存，那有什么意义呢？所以，一定要把传统工业时代的思维抛掉，掀开互联网时代的思维（图 A—4）。

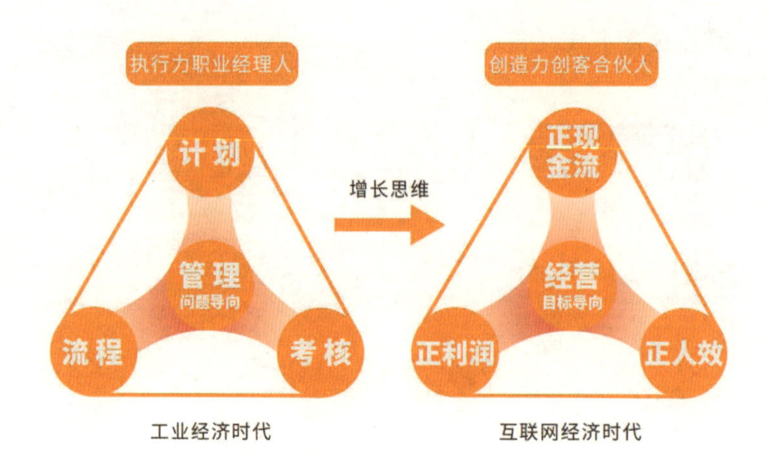

图 A—4 工业经济时代 VS 互联网经济时代

有人说，互联网时代的思维，是不是就是做APP，做直播，做小程序？这绝对是错误的认知。互联网时代思维的中心，是互联网提高了效率、降低了成本，也就是“三正原则”，企业以目标为导向，每个老板、高管、部门经理、店长的工作核心，就是要实现更高的目标、更高的现金流、更高的利润，以及更高的人效。

4. 微观学社的发展：从各自为战到聚焦增长，创造百倍业绩突破

微观学社这家公司在发展的过程中，曾经也踩过很多大坑，有很多失误。比如在分工上，线上部门负责拉数据，后台的数据部门将数据存在CRM系统里，分配流转给业务员，由这些线下部门的销售人员做追销，给客户加微信、打电话、做服务，让他们与微观产生后端的合作。

这个分工看似非常专业，一个人干一段，像个流水线一样，线上部门拉数据，数据部门做流转，线下部门做追销，表面上看一点问题都没

有，但是公司业绩越来越差。原因很简单，因为每一个部门，都在为自己的职责负责，但是没有人为目标负责。

可是，整个公司的目标是什么呀？是增长，是业绩越来越好，用户越来越多。但是没人记得这个东西，线上部门玩命地把数据拉过来，拉过来以后，数据部门把这个数据分配到每个业务人员，每个业务人员给客户加微信、打电话，与客户建立紧密的联系。

结果，由于公司数据太多了，线上部门把数据拉过来，到员工把电话打出去，这中间已经隔了半个月。等电话打过去，客户根本听不懂，因为客户已经忘了一个月前，在线上什么平台上购买的东西了，这个事没人负责和思考，而这个地方就是破局点和增长点。

所以，后来公司就做了一个规定：第一，拉来的数据到业务人员把电话打出去，不能超过 24 个小时，否则三个部门连坐承担责任。因为在 24 个小时以内，客户还记得这个事情，这是信任的开始。

第二，不要再拉免费的数据，这些数据表面上看起来很多，但都是无效的不精准的数据，所以线上就只拉 99 元以上的数据，这才叫数据，其他的不叫数据。结果数据量明显下降了，但是所有的数据明显精准了，反而节省了一定的成本。

所以，并不是公司的分工很专业，每个部门都忙得不亦乐乎，就代表这个公司业绩好。关键是所有的人都要去关注增长，脱离了这个，做其他的就没有任何意义。

5. 没有聚焦增长的分工、职责和执行，企业必将走向灭亡

所有的公司都有一个危机，这个危机是看不见的暗礁，就是一切工作都在按部就班地运转，但是企业死了。如果没有聚焦增长的分工，职

责只是执行，都毫无价值。

企业所有一切工作的出发点，都是为了增长，增长什么？

危机暗礁

一切都在按部就班运转，但企业死了；没有聚焦增长的分工、职责和执行，毫无价值！

- 正现金流：钱流和客流越来越大，可以赔钱；
- 正利润：客户后端消费转化越来越高；
- 正人效：单位薪酬贡献的利润越来越高！

第一，正现金流

客流和钱流越来越大，这个时候赔点钱都是可以的。

第二，正利润

后端的消费转化越来越高，如果前端引流的客户后端没有转化，说明公司的转化能力差，或者是用户不精准，这就需要重新分析了。

第三，正人效

正人效就是平均每一个人，创造的利润和产值越来越高，可是很多公司是人越来越多，但是平均产值越来越低，那这样的公司它离死就不远了。

所以，老板一定要按照这个顺序，正现金流、正利润、正人效，一步一步把它做出来，这才是管理的本质，要看结果，数字是不会骗人的。

A2 裂变思维：公司变平台，员工变创客，让你的客户裂变 100 倍

1. 从复制思维到裂变思维，企业搭建系统，靠平台裂变

很多老板都想要把公司做大做强，但却忽略了最关键的一点：可不可以复制？很多人觉得为什么快餐能做大，因为快餐可以复制。为什么中餐做不大，因为中餐的大厨很难复制，所以要做大必须能复制。

但实际上，复制并没有用。很多公司表面上缺增长，其实本质上是缺裂变的模式。下面两套模式，可以对比一下（图 A—5）。

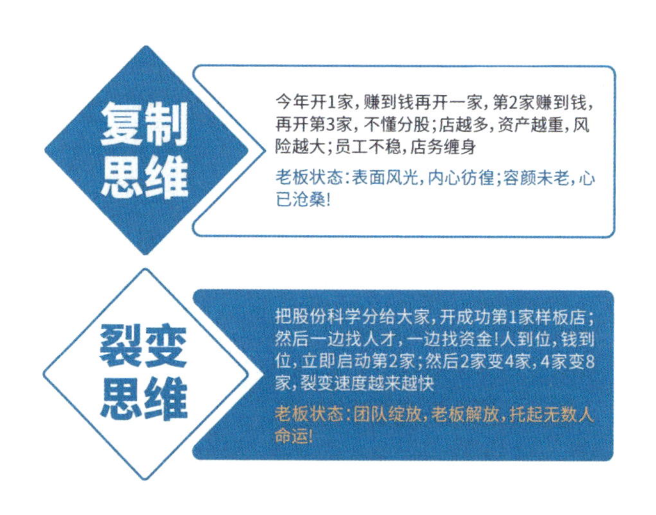

图 A—5 复制思维 VS 裂变思维

第一套模式：复制思维

有一个在湖南经营男装生意的老板，她是个湘妹子特别厉害，管理很有铁腕手段，她开了十个店，全部都是一样的标准，前六个店都赚钱，

后面的店都赔钱。为什么前六个店赚钱呢？是因为这个老板在后面盯着，关键时刻老板会站出来发现问题，所以前六个店基本赚钱。但后面的店，由于老板精力有限，没办法时刻盯着，所以就赔钱。

所以，这个老板虽然能干，但是也只能盯六个店。那能力小一点的人会怎么样呢？一家店赚钱，两家店赚钱，三家店赚钱，继续开，第四家店赔钱，第五家店赔钱，第六家店赔钱，前三家店赚钱，后三家店赔钱，结果呢？白干，白折腾了。本来想做大了以后赚更多的钱，结果做大了反而赔钱，这就是很多人苦苦想不通的原因。

因为企业的动力在老板身上，所以火车跑得快，全靠车头带，最后累死老板。这就是复制思维。

第二套模式：裂变思维

开一个店，如果老板不是单纯地只盯着它赚多少钱，除了赚钱之外还盯着：第一，这个店能不能培养出来店长；第二，这个店能不能沉淀出来一套可以复制的管理系统。如果把系统复制出来了，把店长培养出来了，再让这个店长去投资，一块去开第二个店，用第一个店的系统来孵化第二个店。这个时候就不是去扩张了一个店，而是裂变了一个老板。

每个店以同样逻辑再复制一个店长，这两个店长又裂变出来，分别开一个店，也就是四个店，四个店再裂变八个店，八个店裂变十六个店，叫“1+2+4+8+16”，不但扩张的速度会越来越快，而且老板会很轻松，主要在后端做平台、做系统、做赋能，管理供应链。

2. 无限裂变模式：资产很轻、用户很大，现金流很强

裂变思维不是“火车”了，而是“动车”。

动车跑得快，车头掌握方向，所有的动力都在每一节车厢里，动

车的全称叫“动力组列车”，它有很多组的动力，在公司运行中每个店长都是一组动力，那这个公司就跑得快。所以，公司管理一定要有裂变思维。

复制思维的老板全部都是重资产，就是自己开店，自己培养人，用一堆人来给公司打工，最后发现这个公司资产越来越重、风险越来越大，员工又不稳定，所以这种老板的状态就是表面风光、内心彷徨、又苦又累。

而裂变思维的老板则不一样，虽然他把店分出去了，但是资产轻，底下的人玩命在扩张，扩张的速度非常快，他只用从每个店里赚一点，当“盘子”大了，哪怕是挣 20 个百分比，他的规模、体量也一点都不小。

比例没有盘子重要，更关键的是老板的价值在哪里，要带领员工干一个事，最后这件事成就他们，改变他们的命运。

所以，一个人是否成功，不是看这个人有没有钱，而是看身边有多少人因为他的存在改变了命运，相信了善良，这才叫成功。

因此要搞懂人活着的意义，所谓的企业家，就是办企业、为大家。在为别人的过程里，就会发现自己的心情和生命状态非常好，为别人利他，马上就能得到快乐，自私里是没有快乐的。

想清楚这件事，就能找到终极成功的状态，否则就被困在欲望里出不来。所以不是钱多了人就会快乐，关键是心里有没有寄托、有没有爱，能不能托起来更多人的成功和命运。把这个心法掌握了，老板就知道为什么要做裂变思维了。

3. 如何打造单店盈利模型？五种最小盈利单元，快速实现裂变增长

落地裂变思维最重要的两点：第一，找到单店盈利模型；第二，

把人才、资金和资源汇集到这个单店盈利模型里（图 A—6）。

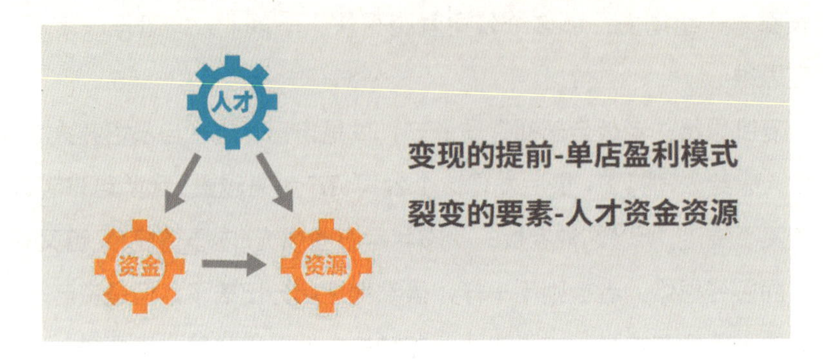

图 A—6 裂变思维落地模型

如果只有一个单店，那么这个店的人才，比如店长、区域经理、大区总监，他们都是较优秀的管理者，让他们把资源带进来，尤其是他们的用心能够带进来，怎么带呢？就是资金投入。

比如他们都来做跟投，所以人才、资源和资金就全部捆绑在这个店里，那这个店就一定能做好，因为他们的目标是一致的。

单店盈利模型的策划，本质上就是最小盈利单元，这个特别重要，但不是所有的公司都开实体店。那这些公司怎么设计单店盈利模型，也就是最小盈利单元呢？记住一个大原则：未来的公司都是小前端、大平台。

平台就是一个广阔的平台，比如水果创业平台、饺子餐饮创业平台、二手房经纪创业平台，像微观学社就是智力服务创业平台，公司不管现在规模如何，都要做平台，前端一个一个团组、一个一个团队在平台上创业，平台在线上和线下做赋能。

所以，最小盈利单元有五种设计方式：

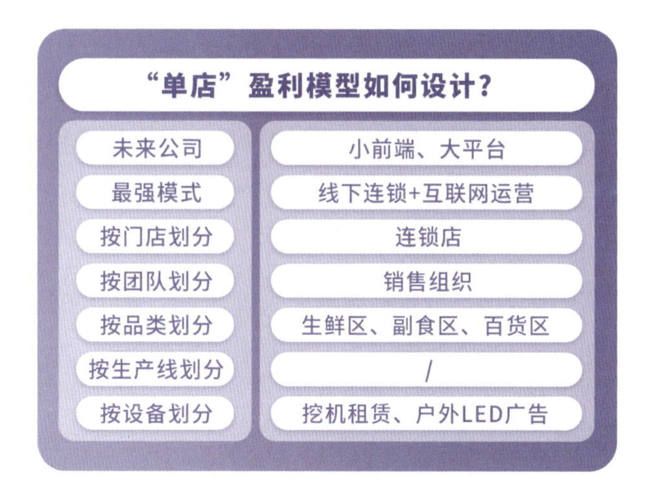

图 A—7 单店盈利模型设计方式

第一，按门店划分

比如开连锁门店的行业，中国很多的传统行业都能够重新再做一遍，就是线下要连锁，线上要互联，打通线上的社群和粉丝，线下全部用标准化连锁裂变所有的行业。

第二，按团队划分

比如微观学社，就是按团队划分，有的公司有大店有小店，也可以以店和团队组合起来划分，比如说"我爱我家"，它是做二手房经纪的，它的一个大店里有三个小店，其实就是每十个人做一个小店，里面有一个店长，但是这三十个人都在一个大店里，因为这个店地段好、面积大。

第三，按品类划分

比如永辉超市货物就划分为：生鲜专区、熟食专区、百货专区，每个专区独立核算，这叫品类。

第四，按生产线划分

比如这条生产线独立出来，老板和生产线的工人一起去做投资。

第五，按设备划分

比如挖掘机行业，租赁一台挖掘机投多少钱，几个人来投，那么产生的利润一起分。再比如做户外 LED 广告，这个广告牌投十几万，公司投一部分，员工可以跟投。不要动不动就拉着员工到总部来投资，那样不直接，最后就变成大锅饭了。

如果想要变得直接，就是把做事的人绑在一个一个的项目里，绑在一个一个的门店里，这个时候所有人的创造力都聚焦了，就能打出来结果，打出来更多的粮食。

4. 小老板研究赚钱，大老板研究分钱！用裂变激发员工动力，共创平台

小老板研究赚钱，大老板研究分钱

团队的精气神，要靠钱来养；
分钱不是吃皇粮，
创造全员打粮食的机制，
做蛋糕，切蛋糕，分蛋糕！

“小老板研究赚钱，大老板研究分钱”，这句话很多人听不懂，说“我都没赚钱，我拿什么钱分？”这个“分钱”是指公司设置的机制，而不是把公司的钱或者兜里的钱拿出来给大家，那个叫撒钱。

分钱的意思是，比如说员工投一点，能拿多少分红，员工做到什么目标能拿到奖金，这个叫分钱。所以，分钱是分未来的钱，分共同创造

的钱。

当老板整天研究自己怎么赚钱，那就真的只有自己在研究怎么赚钱了，就是一个孤家寡人。当老板整天研究怎么给团队分钱，怎么帮团队成功，那这个时候团队就会研究怎么赚钱，这个时候就是一伙人的智慧，能用众人之志必成大业，所以能用多少人的智慧，就能成多大的事业。

小商人看比例，企业家看盘子。老板要把心量打开，要记住比例没有盘子重要。

在电视剧《乔家大院》里，乔致庸成立了中国早年的银行，他当时就已经实现了汇通天下，用银票游走全国。也就是说再也不需要身上带一堆银子，还要找个押镖的车时刻提防，而是用银票通兑。

同时，这个公司很早也引入了股权激励机制。1889 年，他将股权分为银股和身股，银股就是投资股，银股 20 股；身股就是打工的股、合伙人的股，用现在话讲就是分红股，不出钱，身股 9.7 股。

结果 20 年之后，银股，也就是投资人的股份还是 20 股，但是身股已经变成了 23.95 股，身股翻了 2.5 倍，就是打工者的分红股越来越多，因为它满四年就在公司里加一股，所以能满四年的老伙计越来越多。也正因为这个机制设计得好，以至很多同行也都跑到他这儿来，自然就人才济济了。

1889 年他们的盈利是 2.5 万两，每股是 850 两分红，但是 20 年之后，1908 年总盈利是 74 万两，每股的分红是 1.7 万两。每股的分红从 850 两变成了 1.7 万两，增长了 20 倍。因此就算比例降了很多，但是每一股的分红尺度非常大，这就是盘子做大很重要，而不是单纯的看比例。

如果一个老板一年营收 100 万，但自己掌握 100% 股权，他还是一个个体户，这有什么用呢？所以表面上看企业是缺人才，但本质上是老板缺格局，没有把做事业的格局、做事业的发心、做企业家的本质用出来，因为做企业就是为大家。不然最后为自己的人就很少，身边都是勾心斗角和同床异梦的人。

因此，用裂变思维把所有人的动力激发出来，一起做一个平台。

5. 咨询公司案例：打工人变合伙人，如何点燃员工创业热情

那裂变思维具体怎么做呢？本质是把动力裂变出去。说得简单一点，就是让更多的人在这个平台创业，让大家来当老板，而不是只有一个老板。

就像微观学社以前招员工、做培训、发工资，底薪是 3000 元、5000 元、8000 元，做了业绩还加提成，2 个点、3 个点、5 个点，除此之外，达成了目标再发奖金，总之做了一大堆系统，这个就是管理思维。

那公司要不要有这个呢？可以有，但是这不是最好的。后来把员工变成创客，把干部变成老板，做了两种改革供员工选择。

第一种，员工不用给公司交钱，但是每个月只能领最低社会保障的工资，比如说 2000 元。但是，以前的提成如果是 5%，现在的提成提高到 15%，翻了 3 倍。

那工资以前可能是五六千，现在变成 2000 元了，做出业绩提成以前是 5%，现在变成 15% 了。什么样的人愿意干呢？就是有信心、有能耐的人愿意干。因此企业内先不要所有的人都做这种改革，一定是让一部分人先富起来，先拉着相信公司的人成功。

所以，公司的高管就带着这一帮相信的人先干，有的人一个月就能拿到十几万的提成，这时候，很多人就蠢蠢欲动了，又有一帮人申请去

做创客。之后，暴富的人越来越多。

一个小年轻刚大学毕业一两年，一个月能挣十几万，就是因为参与了一个好的平台创业，才有这样的机会，那是个人的勤奋加系统的能力铸就的。微观的团队全部都变成这样的创业团队，所有的人就是拿最低社会工资和高提成，一起赚更多钱。

公司的资产变轻了是小事，最重要的是每个人都是创业者，所以员工的工作时间、打卡之类的不用管，他自身就更有动力，因为他知道他是为自己奋斗。

第二种方式，就是员工要跟公司合作一个项目，成立一个创业中心。之前的提成员工拿 15%，这是创客。提成要想拿 30%，就升级成为创业中心，这个员工就是创业中心的老板，属员就是创客。但是需要给公司投十万元，公司再支持十万元，这二十万元就是这个创业中心的启动资金。这个创业中心由这个员工来管，赚的利润拿大头，公司只收管理费，这就是裂变。

后来整个公司的管理难度就下降了 80%，老板就不需要再整天去操心那些“陈芝麻烂谷子”的事了。所以，老板们一定要把这个裂变的思维想通。

6. 水果店案例：如何 8 年快速裂变门店 4600 家

这家水果店自己不花一分钱，开店 4600 家，会员高达 7000 万人。用的就是“店长合伙制”的裂变思维!

由大区总监、片区经理和店长，三大骨干出资开店，出资比例分别为 3%、17%、80%；其中利润三七分，门店 70% 的利润，按照门店的投资比例来分。店长占其中的 80%，片区经理和大区总监占其中的

20%；而门店剩余 30% 的利润归总部所有。

第一：股权合伙模式

角色	门店持股	职责	利润分配
大区加盟商	3%	门店选址，担任门店的法人将经营权授权给店长	70%
公司片区管理者	17%	片区门店管理，相当于财务投资	
门店店长	80%	负责门店的经营	
公司总部	无商品差价不收加盟费	提供系统的管理、运营、人才输出、品牌运营、人员培养、培训、门店运营、店员的聘用管理30%	30%

图 A—8 水果店股权合伙模式

总部一分钱不出，凭啥分 30% 的利润呢？当然总部也不是白拿钱的，它要给门店一系列的支持：比如总部不收加盟费，不收商品差价，还有分红、补偿和兜底。而且还给加盟商提供品牌、供应链、营销、人才培训等系统。

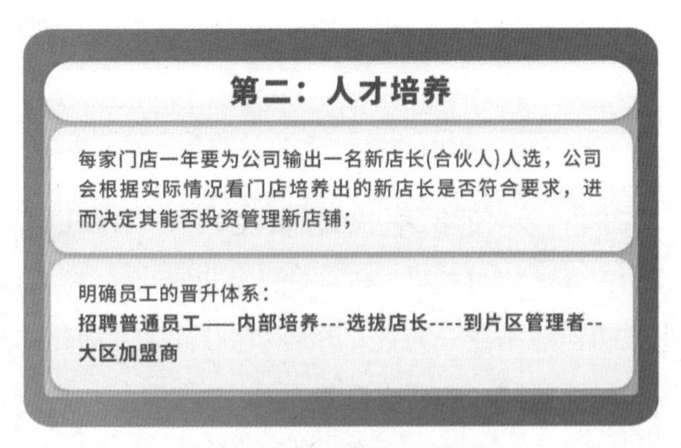

图 A—9 水果店人才培养方式

它甚至对投资方承诺：如果加盟店亏损，投资方不承担一分钱损失，全部损失由这个总部承担，连续亏损三年的门店，总部有权利决定是否关闭。

那这么多店，店长从哪来啊？他们又是如何管理的呢？

它要求每个店每年都要裂变出来一个新店长，老店长在新店里能拿到 10% 的分红，而且一次性退出还有三倍的收益补偿。

比如员工投了 30 万元，因为提拔或者离职要退出，总部就要给他退 90 万元，把他的股权回购回来，再卖给新店长。他拿到 90 万元之后，要么离职，要么提拔。提拔了变成片区领导，他有 3% 或者 17% 的投资权，他就可以投更多的门店了。

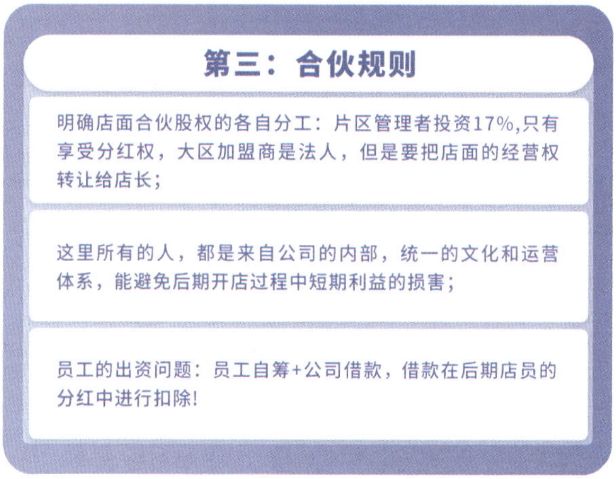

第三：合伙规则

明确店面合伙股权的各自分工：片区管理者投资17%,只有享受分红权，大区加盟商是法人，但是要把店面的经营权转让给店长；

这里所有的人，都是来自公司的内部，统一的文化和运营体系，能避免后期开店过程中短期利益的损害；

员工的出资问题：员工自筹+公司借款，借款在后期店员的分红中进行扣除！

图 A—10 水果店合伙规则

那传统企业老板，该如何在公司里落地呢？做好这四步：

第一步：投资公司投 70%，店长投 30%，公司与店长共同投资，员工渠道化，渠道员工化，不仅能缓解总部资金压力，也能让店长成为老板，利益共享，风险共担。

第二步：分红回本前公司分 70%，店长分 30%；回本后公司店长各分 50%；避免优秀店长嫌比例太低，出去自己创业，让店长更有积极性。

第三步：人才孵化裂变。

①跟薪资挂钩：老店长每年必须培养一名新店长，老店长不用投资，即可在新店享有 10% 分红；

②跟晋升挂钩：师父 + 徒弟门店超过 10 家，师父即可晋升一级，拿更高的奖金。

第四步：超额分红。

①给团队定基础目标，可参照过去半年，团队只要按部就班干就能完成的目标；

②超过目标部分的利润：给员工分 50%；团队完成越多，能拿到的分红也就越高。

所以，未来“死工资”、打工者的天下会越来越小，现在是个全民创业、万众创新的时代了，如果不能把企业改造成创业平台，企业的人才根本留不住，有可能留住的都是庸才，所以，老板们必须要变革。

A3 系统思维：没有系统的企业，干得再大也是个作坊

没有系统的企业，干得再大也是个作坊！

为什么这么说？比如肉夹馍和汉堡，这两个产品是差不多的，都是两斤馍加一块肉，但是这两个企业背后的层次差别很大！

主营产品差不多，为什么企业的层次差别这么大呢？原因就是一个企业是在所谓的做产品，另外一个企业背后是一套强大的系统。

所以，很多公司虽然很辛苦，就像卖肉夹馍一样，老板每天亲自制

作售卖，最后用一个“匠心”来安慰自己，但是这真的有“匠心”吗？如果真的有“匠心”，那就应该把“匠心”，释放给更多的人受益。

图 A—11 同产品对比

那怎么释放给更多的人呢？就要用系统、用模式，所以这是商业智慧。

往往做技术的人做企业都有障碍。做技术的人，就比如肉夹馍做得很好，祖传十八代都在做肉夹馍，但问题是做不大，或者稍微想做大一点，身边用了几个人，结果因为老板不怎么研究人、不怎么研究系统、不怎么研究分钱机制激励，整天只是在做技术，结果留不住人，员工学会了后就变成竞争对手挖墙角，所以老板很无奈。

因此，老板要把技术思维和商业思维统一起来看，一个企业不能没有技术，但是一个企业也不能没有商业，所以真正的商业是技术和商业文明的结合。

1. 餐饮行业案例：不靠快餐赚钱，揭秘背后的生意经

麦当劳是怎么做大的？

最开始麦当劳的创始人是麦克唐纳兄弟，他们做快餐就是经营思维，干得好了，开一个店、两个店、三个店，就像现在很多老板开店

的逻辑一样。因为产品味道不错，价格实惠，出餐速度快，又加上那时正好赶上美国经济的高速发展，商业市场很发达，所以他们的快餐很受欢迎。

但是他们一直维持在几个店，并没有做大，因为他们不知道背后的商业原理，于是出现了一个人，这个人就是麦当劳品牌的真正缔造者，叫克罗克。

他并不懂快餐，但是他懂商业原理。于是他就做了一个 S 端的产业平台，这个平台公司它自己不开店，它只做招商店和加盟店，最开始招门店合伙人，后来门店多了招区域合伙人，区域多了招城市合伙人。

举个例子，比方说最开始在西安一个店一个店地招，后来发现在西安做得不错，就会一个区域一个区域地招，把区域也做起来，再到周边的郑州、兰州、温州等城市做招商，所以这个合伙人全部都是做经营的。

但是麦当劳这个平台是做运营的，所以做经营的永远干不过做运营的，运营不能没有经营，经营也不能没有运营，两者不可分割，这就是商业文明，彼此成就。

那最开始怎么招呢？克罗克又跟麦当劳的麦克唐纳兄弟谈了，他说："这样，你这个店的这个品牌授权给我来做，我不要你们掏一分钱，你只要把这个品牌给我来运营，我这个公司你一分钱不掏，我给你赠送 20% 的股权。其次，我每招一个店，我收 10 万元，这 10 万元要给他们做培训和门店基本的管理，这些基础的服务由你们麦克唐纳兄弟来帮我做，我每个店收的 10 万元，我给你们两个人分 3 万元。"

麦克唐纳兄弟觉得："这事太好了，我什么都不用干，就给人家讲讲课，搞搞培训，我就拿 20% 的股权，每个店我还能赚 3 万块钱培训费，这个比我卖汉堡来钱快啊。"所以很快就达成了合作。

因此，麦当劳在全球开了 4.7 万家店，就是这么做起来的。这个产业平台 S 端下面绝大多数的店，全部都是招商来的加盟店，店里的经营利润就归到加盟商，但总部要收管理费、收品牌加盟费，再在供应链上赚钱，但是自己不用开很多的店，主要是做总部的软实力。

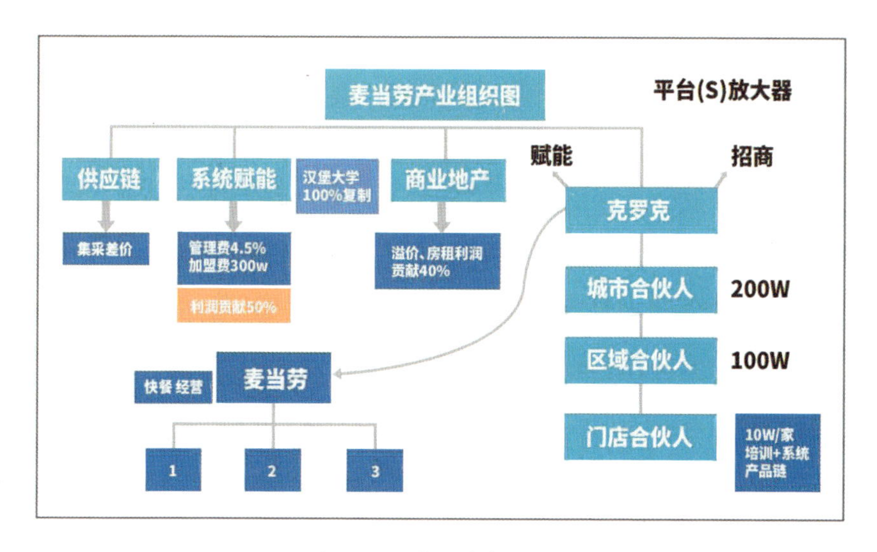

图 A—12 麦当劳产业组织

随着门店规模和市场体量的规模做起来之后，麦当劳这个平台的后端赚以下钱：

第一个：供应链

供应链赚集中采购的差价。麦当劳的生菜、土豆、鸡肉都是自己供应的，它要求 100% 直供，理由是食品安全、可溯源。于是，它在全球各地建立起种植的农庄，包括中国很多城市都有。比如它跟某农业科技公司合作，它说“我给你来改良土壤，我给你种子，我甚至给你农药”。结果农民很开心，用它的种子、农药、用它帮忙改良的土壤，结果亩产翻倍，土豆翻倍，越长越大。

后来麦当劳说“你现在亩产都翻倍了，那你的采购价格得给我降一下，打六折吧。”最后农民没赚到多少，麦当劳倒是挣得盆满钵满。这就是麦当劳的供应链，它集中采购挣钱。

但凡是规模能做起来的平台经济，都可以在供应链上获取差价，具有一定金融的资产和盈利的空间。

第二个：系统赋能

系统赋能就是给所有的门店提供 100% 复制的系统，比如说品牌、服务、产品、流程，等等。所以麦当劳那么多店，消费者看不出来哪个店是直营店，哪个店是加盟店，因为它的标准就是 100% 复制，它靠谁复制呢？汉堡大学。

汉堡大学是麦当劳旗下的企业大学，它把培训和教育咨询植入到了一个产业，为全球所有的门店培养人才、输出人才。经营成功的公司，又是一个系统输出公司、人才复制公司、培训公司，这个产业不断强大。

但是这些软实力都是要收费的，每个店加盟收取 4.5% 的管理费，和 300 万的加盟费，所以麦当劳把门店的经营利润分掉，赚别人看不见的钱，比如管理费、加盟费，还有供应链的差价。

而供应链的差价和系统赋能的利润加在一块儿，占到了麦当劳总部利润的 50%，也就是麦当劳总部的利润有一半，是由供应链和系统输出贡献的。

第三个：商业地产

有的人说麦当劳是一家商业地产公司，因为麦当劳大部分都是自己购置的产业，或者是长期租赁，一租就是 30 年，但是它买的时候或者它租的时候，那是个冷商圈，还没有客流，它买下来后在这里开店，并联合沃尔玛也去开店，因此麦当劳跟沃尔玛签了 4000 家全球合作店。

这两个大佬一去，冷商圈就变成热商圈 CBD 了。人流一来，地价、房租等往上涨。麦当劳把1000平方米，分300平方米租给它的加盟商，成了包租公，就是二房东。剩下的700平方米，租给一些高端奢侈品品牌，麦当劳自然能赚钱。

麦当劳的商业地产，给它带来的利润占到了四成，系统和供应链的利润占了五成。还有一成是什么贡献呢？就是它的餐饮，餐饮只贡献了总部10%的利润。

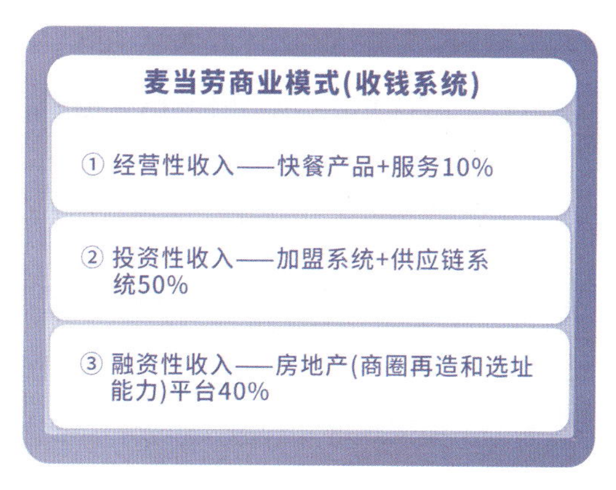

图A—13 麦当劳盈利模式

因此，麦当劳不是一家餐饮公司，餐饮只是用来圈加盟商的。有了加盟商，就有了客流，就可以挣大钱。把前面看得见的钱分掉，分给它的合作伙伴，最后实现双赢，这就是整个麦当劳的产业组织结构。

2. S2B2C模式：未来十年的黄金风口模式

针对克罗克打造的麦当劳模式，首先有一个S端是平台公司，也就是产业端，下方发展的城市合伙人、区域合伙人、门店合伙人，这个叫B端，也就是渠道商，分为大B、中B和小B。由门店发展用户，就是C端，所以整体上被称为S2B2C模式，这也是阿里巴巴商业研究院公布的，未来十年的黄金风口模式——S2B2C，做一个产业平台，让所有人在这上面创业，以此发展终端用户。

可能有的老板认为自己的公司还没那么大，是不是就不能做这个商业模式呢？其实这跟公司大小没有关系，跟老板的志向有很大关系。

比如有的老板有五家店，就相当于以前的麦克唐纳兄弟，现在造一个新的产业平台，也就是克罗克这个位置，老板可以把以前的五个店都用员工合伙的模式，不论员工投钱也好，不投钱也好，设计一种方式让他们来当老板，那这五个店就变成了产业平台的加盟商。所以先内部干起来，让员工当老板，再研究怎么赋能内部的门店。

一旦这个东西做通了，再往下去做招商，整合同行更多的门店。以前老想跟同行打价格战，把同行“打死”，现在不需要了，做成行业赋能平台，对同行的门店进行赋能，并收取管理费，或者供应链差价。

刚开始可能钱很少，但慢慢地就会越做越大，关键是这种模式是轻资产，不用投门店、投房租、投库存、投人工，只用不断增加总部的软实力，这个企业就会越来越值钱。

所以，当下多挣一百万，少挣一百万不是最重要的，最重要的是当下能不能把企业的姿势摆对。什么叫姿势摆对？就是老板要保证企业，现在是一个健康的种子，是一个健康的骨架。

泥瓦匠盖不出来摩天大厦，因为泥瓦匠根本就不会有构建摩天大厦的思维，再怎么盖也是个平房，所以老板要有强大的顶层设计思维，把公司规划好。

3. 企业赚钱的 4 大层级：选择大于努力，播种决定收获

创造财富道路上有四种人：第一种是雇员，第二种是小商人，第三种是企业家，第四种是投资家。大家都在创业，都在做生意，但是赚钱的级别和方式完全不一样。

第一种，雇员靠老板赚钱

老板是公司里最大的管理者，老板不干，公司就得关门，所以表面看他是个老板，本质上还是个雇员。在中国有三大悲剧，炒房炒成房东、炒股炒成股东、做老板做成最勤奋的员工，为什么？因为这个老板没有团队，没有系统，所以处境很惨。

第二种，小商人靠机会赚钱

什么叫机会？今天代理这个产品，明天代理那个产品，什么好卖就去卖什么。虽然做了十来年，但是这个企业从来就没有扎过根，所以机会红利越来越小，这种老板其实很辛苦。因为挣的都是小聪明的钱，有可能这两年挣的钱后两年就赔掉了，这就是在靠机会挣钱，有着极大的不确定性。

第三种，企业家靠系统赚钱

比如麦当劳、如家、汉庭，这些做得大的企业都是靠系统赚钱。

第四种，投资家靠裂变赚钱

有的企业可能不搞投资，但是这里所说的“投资”，不单单是对其他产业的实物投资，拉外部的人员投资，内部的员工也叫投资。

比方说，一个老板开一个店投资六十万，他的员工投资四十万，这也叫投资。六十万回本之前， 总部分 60% 的利润，六十万回本之后，总部只分 40% 的利润。所以这就是真正的投资家，因为在做裂变。

图 A—14 财富道路上的四种人

很多人，终其一生，都可能只是一个雇员、一个小商人，所以选择大于努力，播种决定收获。

如果状态不对，姿势就不对，姿势不对，努力就白费。

4. 重新定义传统企业，全世界顶尖的人都在做的两件事

一个企业，为什么它的根很重要?

如果企业只是一棵草的种子，努力十年还是个草，小草只能变成老草，小草变不成大树。虽然离离原上草，一岁一枯荣，野火烧不尽，春风吹又生。生命力很顽强，但是小草只能被人踩踏。

那什么才能变成大树呢? 小树才能变成大树。所以哪怕推倒重来，也要让企业种下小树的种子，而不是个小草，这就是老板打开认知的意义。

比尔•盖茨曾经讲过一个经典的结论，他说：全世界所有顶尖的人，尤其是富有的人，他们都在做两件事。

第一，建立顶尖的系统；

第二，寻找顶尖的人才，继续升级和优化这个系统。

就像苹果公司，它就是个系统，苹果手机的型号现在已经出到了十几，一直在不断地优化，所以这个企业的吸金能力就越来越强。

因此，对于老板来讲，第一是建立系统，第二是寻找优秀的人才。当系统更强大了，又能吸引更高端的人才，企业就能不断螺旋增长和上升。

但是在建系统的过程中，老板必须要用互联网的思维和基因。所以为什么一直强调老板要用互联式的系统，因为拥抱互联网思维，用好互联网工具，才能重新塑造传统产业。

5. 成功都是被逼无奈，最大的危机就是企业最大的转机

最大的危机就是最大的转机！企业的兴衰沉浮都是正常的，所以老板一定要勇敢！

最大的危机 = 最大的转机

就像当年的刘强东，很多人只知道 2020 年京东在香港上市，无限风光。但是很多人不知道刘强东十七年前，还在北京中关村卖光盘、卖电脑，一个月的营业额只有几万块钱。

要不是 2003 年遇上 SARS 病毒，逼得他只能转型，他可能现在还在中关村卖光盘，也就没有了如今的互联网大佬，像类似的案例还有很多。

这就说明了：最大的危机就是最大的转机，成功都是被逼出来的，老板们一定要接受这个环境带来的反作用力。

环境带来的危机并没有什么，因为这都是共享的，对所有人来说都一样。那真正的危机是什么呢？是危机来了还想走老路。

现在受互联网的影响，互联网文明的革命已经非常明显了，如果老板还想穿新鞋、走老路，那基本上就没戏了。

所以老板必须要建立以下三大引擎：业务力、组织力和机制力。

第一，业务力。钱从哪里来？

用线上线下的方式、用多维产品链的方式，让企业的业绩、盈利点能够增加。

第二，组织力。事儿谁来干？

如果要做线上，企业线上的组织在哪儿？如果要做后端服务，企业服务的组织在哪儿？如果要做会务营销，企业会务营销的组织在哪儿？

第三，机制力。大家把事干出来钱怎么分？

干事之前要先把钱分好，这样大家就会有无穷的动力。

所以这三个维度本质上是一个维度，叫业务决定组织，组织就会决定机制，机制最后就会决定员工的执行力。

坦白讲，如果一个老板不把这三板斧搞通，也就是业务、组织和机制不打通，天天在忙点其他的事儿，其实都是瞎折腾、白忙活。

PART THREE

传统企业五大生死劫

A4 总述：产品不好卖，利润薄如刀，渠道在失灵，人才留不住，重资产运营

1. 人生最可怕的事情，就是把错误的事情做得很完美

每个人有时候都会陷入三个字：忙、茫、盲。从忙碌奔波，到前途迷茫，到最终生命盲目。很多人就是因为忙，把企业给忙倒闭了；很多人就是因为忙，把人生给忙平庸了。

图 A—15 细节力 VS 全局力

什么叫忙？心亡为忙，就是人的心是黑暗的，没有光亮，没有智慧，人生最可怕的事情，就是把错误的事搞得很完美，把不用做的事、不重要的事，作为最重要的事，耽误自己的时间去干。这都属于忙，也就是

没打开智慧。

很多人都在纠结是细节重要还是全局重要，有的人说“当然是细节，细节决定成败”。

所以说，搞细节不一定能把事情做成，因为最后会被细节带到沟里去，真正值得去思考的事，却没有时间干，这就是盲目的代价，叫“把错误的事情搞得很完美”，很多人都是这么失败的。

那是不是全局力就很重要了？其实也不是。有的人整天在天上飘着，谈战略、谈格局、谈全局，但是他完全没有细节能力，说起来口吐莲花，但是一做起来就满眼抓瞎。

因此，要用辩证的方法来看问题，就是战略细节力。不管是做老板还是做高管，还是做部门经理，都要打开认知，全局地去思考，才能发现更多的细节。

假设发现了 100 个细节，在这 100 个细节里，找到三个破局点，就像一个战略一打下去，这个战略就会发生变化。最终，把这个破局点的细节进行不断优化，做到 120 分，最后全局就赢了。

2. 找到一刀见血的破局点，聚焦团队优势力量饱和进攻

那些一生有大成就的人，他们都是做了很少事的人。

就像篮球运动员科比，他说：“你们大家不要跟我比打篮球，你们不可能打得过我，因为你没有我花在篮球上的时间那么多，篮球就是我的生命，我这一生就干这一件事情，就是打篮球。我就把这一个点一直做到 120 分。”所以，他最终成为了篮球巨星。

因此，要把这一件事情做好，关键是得考虑，到底什么是公司里最重要的事？就像当年的解放战争，发现了关键的破局点在锦州，把锦州

打下来，就把国民党五十万大军堵在了关外，顺势拿下了整个东北的解放。锦州是东北解放的破局点，所以要集中一切的力量来打锦州。

那么老板的作用和智慧体现在哪儿？就是洞若观火，要有很宽广的思维，一看就能看到那个关键点，集中所有的团队往那个上面去扑，当所有的团队都往这一个点上去扑，那这一个点就一定能打爆。

很多老板在公司里都很用力地在忙，白天当老板，晚上睡地板，一天工作十六七个小时，这就叫“一顿操作猛如虎”，结果“回头一看原地杵”，就是原地转圈没有用。所以不学习的人、不思考的人，再努力也改变不了命运，叫作努力到无能为力，最后还是一败涂地。为什么一败涂地？原因就在这儿。

3. 很多事情没有结果，不是因为我们没干，而是因为从来没有做透过

大事一抓到底，小事“让子弹飞一会儿”！不要觉得公司里很乱，这都是正常的，每个公司都这样。

某几万人的公司老板跟他的高管讲了一段话，“不要被我们公司混乱的管理影响了心情，这很正常”。若把一千人拉到外面去走一圈也会走乱、也会走丢、也会走散。把这一千人或者几万人拉过来干一件事情，老板要抓根本要抓住大事。

很多事情干不出来，不是因为没干，而是因为没干透、没干爆，只干到 60 分或者只干到 50 分，的确什么都干了，但是什么都干得一般般，所以最后就等于没干。

因此，当能力无法承载梦想的时候，就应该付出超人的努力，潜心修炼。有理想的人从来都不理想化，而是会用他的远见和气度，耐心地

磨练当下的每一步，把当下真正应该干好的事干好了，那么一切都会纷至沓来，这就是做大事的基本出发点。

4. 创新转型的三大窘境：盈利惯性、管理认知惯性、产业链惯性

想要做这个时代的公司，就得用这个时代的思维，还有这个时代的方法，可是很多人为什么明明知道，但就是不会去用呢？

最重要的原因不是能力问题，而是想法问题。企业转型，不光是小企业转型难，大企业转型照样难，甚至更难。

大家都知道今天电动汽车的王牌是特斯拉，丰田它明明知道未来是电动汽车的时代，但是为什么现在不全力以赴地做电动汽车，而是依然在做内燃机汽车呢？

丰田的高管就讲了三个血淋淋的结论，转型为什么转不动，就是因为有三个惯性：

阻碍企业转型的惯性一：盈利惯性

以前的丰田通过卖内燃机，实现汽车盈利，同样，很多传统的企业老板都在用赚差价的方式盈利，进货出货赚差价。今天突然要让他们不再赚差价，而是去经营其他产品，这个盈利方式一旦发生改变，大家不习惯，也不敢去尝试。

因此，转型根本不是能力的问题，而是勇气的问题，企业必须要敢于打破盈利惯性。

阻碍企业转型的惯性二：管理团队的认知惯性

过去越是做的有点成就的企业，管理团队的认知，以及思维框架基本上是成熟的，也就是它们有一套自己的“打法”。

比如前面篇章提到的某科技公司，它就有一套自己的“打法”，就是“贸工技”——贸易、工业、技术，它把贸易放在第一位，也就是把渠道和分销作为首要目标。但是今天很多企业做渠道，根本接触不到终端用户，因此就没有线上流量入口，也没有线下粉丝经营，所以管理团队的认知就把这个企业困住了，最后就变成了一个“囚徒”，这个企业就很难转型。

阻碍企业转型的惯性三：产业链惯性

丰田整个公司上下游有 4 万多家企业，包括供应商和分销商，这 4 万多家企业表面上是各做各的，但其实都是围绕丰田这个“太阳系”，所以它们是一体的。

如果丰田要大力地转型，甚至壮士断腕，就会影响到上下游 4 万多家的公司，要是一起转型就非常难了，肯定转不动。

所以盈利惯性、管理认知惯性、产业链的惯性，让今天很多企业似乎看到了出路，但是却缺乏朝着那条路上奔走的勇气。

因此，趁企业“船”小的时候才好调头，今天如果不转型，未来只有死路一条。

互联式盈利思维，它不是一种方法，也不是一种技巧，它是这个时代的一种“活法”，是这个时代的企业的生存方式。

微观学社服务的企业多数都是中小传统企业，以年产值几百万、几千万、几个亿为主体，这些企业严格上讲，老板对企业的控制力是很大的。

这些企业的产业链结构也没有那么复杂，只要老板敢转型，基本上，上面的那三个惯性都是可以调头的，所以老板要下决心。

那老板们为什么下不了决心呢？企业的转型为什么还是转不成？最主要的原因就是老板的骨子里面缺爱，团队的骨子里面缺劲儿。只有知道为什么而战斗，骨子里才能有劲儿，骨子里才能有爱。

曾经在泉州，有一家做鞋贸的工厂，他们也一样遇到了困难。大概是在 2014 年的时候，这家制鞋厂的老板，机缘巧合看了一部电影叫作《亲爱的》，讲的是孩子被拐卖了之后，孩子的妈妈就疯了一样到处找她的孩子。

这位老板看完了电影，泪流满面，回来以后就给高管们一人送了一张电影票，让他们都去看一下这个电影，要求看完以后告诉他，企业该怎么转型。

那些高管纳闷了，做企业转型跟看电影有什么关系呢？高管们还以为是个商业大片，结果看完了是个情感片。但是看完以后，这家企业就做出了全中国第一款移动智能童鞋。

小朋友把智能童鞋穿在脚上，里面有个芯片，连接了 GPS 定位，这个定位就连接在妈妈的手机里，只要小朋友离开妈妈一百米的范围，那么这个手机就会震动，这样就能更好地保护小孩子的安全。就算小孩子走丢了，也可以通过 GPS 定位，通过他的鞋子去找到他的位置。

这个企业后来转型成功的原因是什么？是因为懂的多还是因为内心有爱？就是因为他们找到了用户的一个“痛点”：妈妈对孩子的那份爱与担忧。他为什么能找到这个“痛点”？是因为他觉得他不想再让妈妈们受这个苦，不让孩子们受这个苦。

所以老板骨子里有爱，团队的骨子里就有劲儿，这个东西就做出来了。

5. 微观学社，今天是怎么出来的

现在，依旧有很多人被关在“牢”里，所以人就是“囚徒”。为什

么？因为“囚”字里面是一个人，外面是四堵墙，人就被牢牢地困在里面，绝大多数人都是思想的囚徒。

因此全世界最大的监狱是什么？是人的大脑，如果走不出思维的牢笼，到哪里都是个“囚徒”。所以一定要先解放思想。

移动互联网出现之后，很多企业无法增长，甚至是举步维艰，都是因为被困在思想认知的牢笼里。因此，想要打破认知的牢笼，就必须通过学习。

2014 年，陈平老师正处在个人事业的巅峰，当时他旗下的咨询公司一年产值一个多亿，只做线下咨询，但当时讲课就遇到了一个问题：小米、滴滴、优步这样的互联网公司，像雨后春笋般地出来，都是移动互联网的产物。

图 A—16 微观学社公司环境

于是，那个时候就认为互联网是时代的一束光，自己也必须要走到这道光里去。于是陈老师听课看书，了解这些互联网圈的故事，结果越听越受启发，因为这些公司的经营管理模式，都跟传统的经营管理完全不一样。

比如说传统的公司讲毛利、讲利润、讲差价，但是互联网公司不讲这些，它们讲粉丝和流量，也就是说它们可以赔本，甚至补贴去做用户存量。

当时大家都看不太懂，但今天大家都看懂了，为什么？因为入口决定存亡，谁能把入口做起来，这家企业就有一万种赚钱的方式；但是如果没有入口，没有“爆品”，没有粉丝，企业有一万种赚钱的方式也会被干掉，这就是传统企业今天遇到的困境。

所以陈老师当时就觉得一定要赶紧去学习互联网，不然以后讲的管理课都没人听了。而且看了很多书，但是都觉得不对劲，因为光看书是体会不到的，于是陈老师就开始自己尝试融入互联网世界。

2015 年一家叫“贵人礼”的互联网电商企业应运而生，但一年的时间，就赔了一千多万，最终惨败收场。

今天回过头来看失败的原因，不是因为老板没有创业激情，也不是因为团队不努力，而是因为骨子里面就不知道，做那个公司到底为了什么。

当时就只想着成功，没想过用户，甚至都不知道用户是谁。没有“爆品”，也没有线上流量入口。虽然做了APP但没人下载，也不会经营粉丝，传统企业三大血淋淋的“死路”都走了一遍。所以这种情形之下，准备一千万就赔一千万，准备一个亿就会赔一个亿。

这就是学习很贵，但是不学习，会付出更贵的代价。

到了2016年微观学社建立，陈平老师回到老本行，做企业管理教育，这次是用互联网的方式去做，持续 8 个月的时间依然是亏损的，依旧找不到正确的路。很简单，因为当时觉得只是要把东西放到互联网上去卖，就是和互联网连接了，没有考虑更深层的问题。

为什么放到互联网上卖，却没人买呢？

因为老板的骨子里面只是想让生意做大，没有想过一个问题：公司为什么存在？这个公司到底为谁服务？解决谁的痛点？为谁去战斗？

所以互联式企业不等于互联网企业，关键不是网，而是联，要和用户进行连接！

后来摸索了 8 个月，公司终于做了一个决定：就是开始全力以赴地把最好的产品都做到线上去。这就是现在的微观学社——扎根落地服务的商学院。

慢慢地微观学社从几千个会员，发展到几十万的会员，最后线下各种裂变就都可以做得出来，这就是流量或者入口决定企业的生死。

通过这两年互联网的“触摸”，提炼出来传统企业的“五大生死劫”，就是传统企业的五大痛点：产品不好卖，利润薄如刀，渠道在失灵，人才留不住，重资产运营。

5.1 产品不好卖

产品为什么不好卖？根本上，是因为惯用的传统营销方式失灵了。比如曾经依靠的等客上门、陌生拜访、电话营销和老板的资源关系，在如今，这四种营销方式都成为了炮灰。

如果传统的企业还在这里没出来，那么企业的营销将会越来越难，库存就会越来越高。因为企业很难再用这种套路找到用户，就算找到了，跟用户也很难建立信任。

所以，传统企业想要继续走下去，就必须要改变传统的营销认知，不然只有一条路，凉凉。

5.2 利润薄如刀

这两年，很多老板都有这个感受：现在企业的利润就好像到了一个瓶颈期，怎么都上不去，利润不是薄如刀了，而是几乎没有了。

为什么会变成这样子呢？因为以前大家都在用产品赚差价，但是现在因为价格战，差价越来越少，利润也被狠狠地挤压了。

再加上有一些跨界打劫的互联网企业，比如说小米，它直接就采用免费的方式圈粉丝，而传统企业还在用产品赚差价，怎么能干得过呢？

5.3 渠道在失灵

传统渠道商必定成为炮灰，除非变成产业赋能平台。这个观点已经存在很多年了，可是还有很多做渠道做分销的企业，依然没有醒过来，一直还在用传统渠道做生意。

这种模式最常见的一种情况，就是上游打款，下游欠款，自己夹在中间，越干越枯萎。

那该怎么破解呢？传统渠道想要破局重生，就要转型到新渠道，也就是产业赋能平台。

5.4 人才留不住

人才为什么留不住呢？一是钱没到位，二是心受委屈了。但最重要的原因就是核心的人赚不到钱。钱到位了，心受点委屈也是可以的。

那么，老板就要研究，首先怎么让钱到位。一家没有办法给员工好收入的公司，它注定是走不远的。所以如何通过创业合伙人给员工分钱，把大家变成一个利益整体，就是解决问题的关键。

5.5 重资产运营

老板最大的悲剧：持续把现金流投入重资产，有利润不等于有钱！

这个“重资产”跟很多老板的“农民情结”有关，有点钱就想着买地、盖房、搞资产。而这种思维就会导致企业赚到的现金流被固化，于是企业的资产越来越重，竞争力也会越来越小。

举个例子，像很多传统装饰公司，都不敢摒弃重资产运营的模式，在办公室上投钱、在设计师上投钱、在商铺上投钱，启用项目经理和各个中间环节的人力成本，在电视上、报纸上打广告，这样一年干到最后，老板也依然落不下几个钱。

因为企业实在太沉重了，成本太高了，运行起来就不顺畅。

而老板赚不到钱，就无法做出利于客户和员工的政策，导致各个环节扒皮过多，落到工人和材料商的钱就少，质量也难以保证，这就陷入了恶性循环中，最终失去了竞争力，只能倒闭。

因此， 产品不好卖、利润薄如刀、人才留不住、渠道在失灵、重资产运营，这就是今天传统企业遇到的五大生死劫。

这五个痛点就把传统企业死死地捆着，所以传统企业不要以为，把产品放到互联网上卖了，就是互联网的本质。互联网的本质是能精准地解决用户的痛点， 把这个产品做“爆”，最后在后端无限地裂变。

A5 产品不好卖：从利润的差价思维，到流量的入口思维

1. 产品不好卖：对手用产品圈人，你却还在用产品赚钱

1.1 流量战役：从利润的差价思维，走向流量的入口思维

传统企业五大生死劫的第一个，产品不好卖。

产品以前为什么好卖？现在为什么不好卖？虽然中国人越来越有钱了，消费能力越来越强了，但产品却更难卖了！很简单，因为大家赚钱的思维完全不一样了，别人都在用产品圈人，而传统企业却还在用产品赚差价。

赚差价就是毛利思维，进货价格一百元，卖出价格两百元，中间的

毛利一百元，扣除各种成本，才挣十元，很多企业都还陷在这个思维里出不来。

但是那些互联网的企业，直接就是一元都不赚，免费用产品圈人，圈完人再去研究怎么赚钱，所以传统企业的流量自然就被拦截了。比如，小米的手机就是用来圈人的，再通过后端的智能家具、智能家电、智能设备、网络游戏来赚钱。

再比如，某团的外卖不赚钱，利润只有 1%、2%，那它是用什么赚钱呢？是用它的酒店、旅行赚钱。它是全世界最大的酒店和旅行平台，它自己什么都不干，而是连接酒店、连接旅行社，在上面获得订单进行分成，毛利就达到了 90%。

因此，它的外卖业务，就是给商家、给骑手、给用户做补贴，把人圈进来，再用后端赚钱。如果传统企业还想用前端产品赚钱，没有后端产品，那日子肯定就不好过了。

产品不好卖有两个原因：第一个原因是产品同质化；第二个原因是流量被拦截。

好比说为什么很多人会打价格战？就是因为别人卖什么你卖什么，别人做什么服务你做什么服务，别人赚什么钱你赚什么钱，所以只能打白热化的价格战，最后谁都没好处。因此，企业必须要从同质化到差异化。

1.2 微观学社：扎根落地服务的差异化战略

什么叫差异化？

以微观学社为例，它的定位叫：扎根落地服务的商学院。为什么要做这样的定位？很简单，就是不想和市场的企业管理咨询公司做成同质化。

现在全中国的培训公司和听课的地方太多了，已经完全过剩了，到处都是“割韭菜”，听得老板们都没信心了。所以不可能再到红海里抢粮食了，那是个很笨的行为，未来会越来越难走，所以这叫同质化。

但是很多企业管理咨询公司都想给老板上课，那谁来陪老板做题呢？最终企业是一个难题又一个难题，这个工资怎么设计？奖金怎么发？股权怎么分配？业务创新怎么做？爆品怎么打造？线上、线下怎么打通？如果没有手把手的人来研究、来帮传统企业，那是很难的。

所以微观学社就做了这个定位，听课是用来打通思维，真正最后企业要落地，要打通毛细血管，因此，别人要老板听课，微观带老板做题，这就是差异化。

如果找不到自己的差异化，那最后就只能迫于无奈打价格战，会越打越难。

1.3 好市多：从卖产品到卖会员的爆品模式！

怎么找差异化？所有的传统企业，只要做这一条，从卖产品到做会员社群，这个公司的差异化就出来了。

以前大家都在卖产品，赚差价，但是如果从今天开始建立一个新的思维，卖产品的目的是为了做会员的社群，卖产品叫货的思维，做会员社群叫人的思维，这个马上就变了。

在商超行业，沃尔玛多年蝉联世界第一，但是它有个竞争对手，叫好市多。好市多发展得很快，目前是全球 500 强里的第 35 名，这两家企业同样都是卖百货的，都是超市，为什么好市多能够不断地做增长，在狭缝里找到它的生存空间呢？

原因很简单：第一，从同质化到差异化；第二，从赚差价到做爆品；第三，从卖产品到做会员社群。

沃尔玛的毛利大概都在 20% ～ 25% 之间，因为它赚的是差价。但是好市多不一样，客户进门首先要买门票，这个门票就是会员卡，只有会员才能在这个超市买到它的特价商品，而它和沃尔玛的产品是相同的，但是价格便宜 10% 到 30%，因为它主动把毛利降到了 10%。

好市多董事会规定，如果毛利超过 14%，就需要上报董事会批准，14% 以下的 9%、10% 就是它们公司的追求，也就是说主动把货卖得更便宜，主动降低自己的毛利，把所有的货都打造成它的爆品，不用货来赚钱，用货来圈人，但是这个货又不是卖给所有的人，只卖给它的会员。

目前好市多在中国上海、深圳等城市已经开了三四家，家家都很成功，299 元一年的会员费，年年续费，因为用户只要拿着这张卡，就能享受批发的价格。

那它靠什么赚钱呢？首先产品肯定是不赚钱的，能维护运营成本就已经很不错了。好市多靠会员费赚钱，它在全球有九千万会员，在美国是 60 美元、120 美元两种会员卡，全球九千万会员年年都要续费，如果中途不用了还可以退，但是基本没有人会退，因为都是生活消费品，刚需、海量，所以这是好市多赚的第一笔钱，会员赚钱。

第二笔钱就是跨界盈利。开加油站、开药店，还卖汽车等等，光是汽车，人家一年就卖 50 万辆，是全美第二大汽车经销商，加油站全美第二名等等。

因为好市多不缺流量，它用会员把客户锁住，一到下班时间、一到周末，大家都开车前往好市多购物。因此，社群盈利模式是产品免费、会员赚钱、跨界盈利。这样企业的差异化就出来了，和同行拉开了距离，就像好市多和沃尔玛，都是一样的道理。

因此老板要研究，能不能在前端做一个免费型的产品，先把人圈进来，通过后端更广泛的产品链来跨界盈利，这是做差异化最直接的手段和方法。

1.4 三大免费模式，选准场景用对路，流量暴涨有门道

免费思维模式一：软件免费。

第一种免费思维模式叫作软件免费，软件免费又被称为 0 元营销。也就是让客户免费去用，这个方式的产品需要软件的边际成本，在用户体量的基础上趋近于 0。

比方说 360 杀毒软件，它为什么能把江民、卡巴斯基、瑞星、金山这些杀毒软件全部干掉，并且成为今天市值百亿的杀毒软件公司，就是因为当年创始人周鸿祎的勇敢。

周鸿祎当年代理的是卡巴斯基的杀毒软件，他在参加董事会时提出：“我们能不能把杀毒软件对用户免费？”当时董事会的成员都极力反对，因为 360 杀毒软件当年一年就有一个多亿的利润，这也是因为盈利惯性的阻碍。

但是周鸿祎说，如果我们不免费，就会被别人“免费”掉。所以要“挥刀自宫、自废武功”，这就是变革的力量。

因此老板要敢于带头免费，尽管研发成本可能是一个亿，但是如果有一亿人在使用，那每个人的成本就是一元；如果十亿人在用，每个人成本就是一毛钱，所以基本上趋近于 0，就可以 0 元销售，让用户免费去用。

1.5 如何用 1 元营销，让水果连锁店实现 3 年裂变 300 个门店

在 0 元营销这个方法中，可以 0 元销售的产品，必须要适合大众，而且刚需。

比如水果生意，有一个卖水果的老板用 3 年时间，圈了 130 万的粉丝，在全国各地开了 300 多家分店。很多商家都在卖水果，但是卖

了十几年，连 30 个店都没有。那他是怎么做到的呢？

他当时起家的时候，用的就是免费思维。他在水果的原产地，用卡车拉一车新鲜的菠萝，只卖 1 元钱，但是需要在线支付，因为这样他就拥有了顾客的数据。而顾客必须关注他的公众号，才能到线下门店去领取水果。

很多用户到线下门店肯定不会只要个菠萝，在领了 1 元的菠萝以后，他有可能还想吃点山竹、香蕉，等等，就算不吃别的水果，只拿个菠萝，用户也会觉得很划算。所以要让用户有占便宜的感觉，那他下次还会来“占便宜”。

因此，他就用这种思维，把每个月的广告费用到顾客的福利上，通过“1 元抢菠萝、1 元抢山竹、1 元抢香蕉”这些活动，慢慢地聚集起了 130 万的粉丝！

同时店里的流量很大，有流量就会有重复消费，这就是从差价思维变成了流量思维。而且有了这么多粉丝以后，就从消费市场转到了创业市场。

1.6 如何用“1 元扇贝粉丝”活动，实现客流量暴涨

从卖产品到卖模式，从卖产品到卖会员，找到差异化的流量模式，实现用户指数级增长。

有一个做餐饮的老板，就在店里做了一个很简单的营销方案，就是“1 ： 7”。比如说顾客今天吃了 200 元，充值 700 元的会员卡，就成为了会员。今天消费的 200 元就打对折，只收 100 元，剩余的会员卡里还有 600 元。

因为这个店是老店，所以顾客的信任度很高，就通过这种方式发展了很多会员。有了会员就更容易建立联系，为了增加顾客的紧密性，他

就把顾客全部拉到会员群。

很多门店的会员群都是“死群”，为了保证他的会员群不“死”，这个老板做了一件简单粗暴的事情——每天早晨和晚上都在群里发一个红包。其实红包也不大，就发 10 元或者 20 元，但这个群每天就是“活”的，会员群里用户都养成了一个习惯，早晚抢红包，于是他就在店里做了一款“爆品”——1 元扇贝。

平常在饭店里吃的扇贝粉丝可能要 30～50 元 / 盘，但是在这家店，现在只要 1 元就能吃到扇贝粉丝。

每天限量 20 份，老会员本来就充了卡，可能一个月只来一两次。但是现在因为抢到了 1 元扇贝，心想：算了，今天要不出去吃一顿吧。于是就带着家人一起来到饭店，但是来了也不可能光要一盘扇贝粉丝，肯定还会点别的菜品。

所以不要担心后端，主要把流量做起来，其实一盘扇贝粉丝表面上看起来价值 50 元，但成本并没有那么高。用 1 元扇贝来引流，虽然会赔一点，但通过把广告费的成本变成了客户的福利，其实并不算是损失。

所以在没有大众和刚需市场的时候，就不应该用 0 元免费的模式。公司必须要做“锁定点”，比方说 KTV 行业，客户必须要办 100 元的会员卡，每天才可以从早晨 10 点到下午 2 点之间来免费唱歌，这样会员卡的销量就会增加，也会带动后端的裂变。

1.7 硬件免费模式：硬件成本价销售，会员 + 服务 + 软件赚取利润

免费思维模式二：硬件免费。

第二种免费思维模式叫作硬件免费。如果有些公司做的产品是硬件产品，那么这个成本是不可能趋近于 0 的。比如小米为什么不免费送手

机？乐视为什么不免费送电视？因为它们是硬件，硬件免费就不是 0 元销售，而是成本价销售。

比如，一台 3999 元的小米电视，同款的其他品牌电视可能要 1 万多元，而小米把毛利直接砍掉了，或者将毛利低到 5% ～ 10%，本质上就是“圈人”。

通过成本价销售，从而占领家庭入口。电视机虽然免费，但是你看会员节目会收费，玩上面的游戏会收费，电视上购物也会收费。它就是通过这种方式来赚钱的。

其他行业都可以用硬件免费思维，比如开超市、做电商的公司，都是需要进货的，都会产生成本，而这个成本是不可能趋近于 0，所以硬件免费思维就可以用会员折扣模式。

在美国，好市多是沃尔玛的“死敌”。在好市多超市，只要交 60 美元或者 120 美元就可以成为会员，在这里就能买到物美价廉的产品，这些精选出来的产品毛利只有 10% 左右，而沃尔玛的毛利区间在 20% ～ 25%。

所以，好市多就在美国拥有了 9000 多万个会员。仅靠会员费就能增加很多收入，这个方法就是通过产品的成本价销售，再通过会员费来盈利。

包括用四年时间做成美国上市公司，且市值 30 亿美元左右的电商公司，就是通过卖 398 元的会员，用户在平台上购物有 5% ～ 40% 的返利，也是先用会员制把用户锁定，再通过会员费来挣钱，所以最后它拥有接近上千万个会员。

因此，不管是制造业，还是零售业，只要掌握硬件免费的逻辑，都可以使用成本价销售的模式。

1.8 补贴免费模式：用资本补贴烧出来的公司，但账要算清楚

免费思维模式三：补贴免费。

第三种免费思维模式叫作补贴免费，典型的就是滴滴和瑞幸咖啡。

但是无论是滴滴还是瑞幸咖啡，它们能做补贴免费，是因为它们先想通了流量和会员比利润重要，所以它一开始一直是赔的，也就是“战略性亏损”，但它是有价值的，因为它有会员网络，等到后期一旦达到平衡点，盈利能力直接就暴涨，利润就会释放出来。

更重要的是，补贴免费一定要结合资本，它不是用兜里的钱来“烧”，而是用资本的钱来“烧”，因为每“烧”出来一个会员，在资本市场就可以给它贡献价值。

可以简单地算一笔账，比如微信市值 1 万亿人民币，有 10 亿用户在使用，每个用户给它贡献了 1000 元的市值。虽然用微信不花钱，但是每个用户给它贡献了 1000 元的价值，因此它给你补贴了 100 元之后，它还能挣到 900 元的资本价值！所以这就是为什么瑞幸咖啡可以做到卖一杯赔一杯，在美国上市后又继续融资来做补贴。

因此一般的公司是在用自己兜里的钱，用企业的现金流在做补贴免费，但是根本无法负担。如果用资本杠杆的方式，那么就可以简单地去做资本补贴免费了。

这三种免费模式，针对自己企业的性质，可以按需使用。宗旨是，要让流量迅速地长起来， 企业和团队的“劲儿”也就出来了。老板们一定要从毛利战争里摆脱出来，不要做毛利战争、打价格战，而是要打流量战！

2. 产品不好卖：打造黄金流量“爆品”是互联时代生存的唯一法则

2.1 爆品战略：在黑暗森林上空放一束烟花，让用户都看见你

企业通过免费思维来获得流量，但归根结底还是通过做爆品，才能改变当下的僵局，爆品是改变僵局的唯一手段。

以前用户要买电脑会去电脑城，要买衣服去商场，但是现在商场的流量没了、电脑城的流量也没了，流量都被线上电商拦截了。现在用户买电脑就去京东，买衣服就去淘宝。如果企业没有拦截流量的方法，那么流量一定会被同行和竞争对手拦截。

因此，传统生意就像光明森林，互联网生意就像黑暗森林。光明森林就是谁在哪儿卖什么、到哪儿去买也很清楚，所以以前就是选址、地段，只要把选址和地段干好了，基本上差不了。这是传统生意。

今天互联网生意是，你已经不知道客户在哪儿了，因为互联网把他们越分越散，不要说传统中小企业的流量被拦截，那些大企业也是一样。

比如某团 2021 年二季度赔了 237 个亿，这 237 个亿中最赔钱的，就是以前的社区团购，公司不断补贴砸钱，让用户从 4 个多亿涨到了 6.8 个亿，平均每增加一个用户的成本是 143 元。

这就是砸钱也要把用户砸过来，它们也缺流量，它们也在抢流量、抢增长。所以，只要做企业，就必须面对这个血淋淋的问题。

当企业不知道，用户跑到哪儿去了，解决方法只有一个：既然是黑暗的森林，那就放一束烟花，这个烟花就是爆品。它放到上空去，所有的人都能看见，再利用互联网传播，往用户群里一砸，所有的人就都知

道了，最后客户自然找上门。

在互联网环境中，“爆品”是企业转型的第一生存法则，也就是说只要能集中精力，不惜代价地打造一款产品，那么这个企业就满血复活了。

很多公司里可能有十几款，甚至成百上千款的产品，但那都是库存和负债。并且产品越多负担越重，好的公司会集中精力，从老板到高管，从团队到渠道，来打爆一款产品，这款产品就是“爆品”。

产品是入口，主要是用来圈人，用户是资产，而社群是商业模式。只有把产品做爆了以后，用户才能流进来。用户才是公司最重要的资产，而不是门店、楼盘、土地等重资产。

图 A—17 互联式盈利思维商业设计

2.2 爆品打造的两大方法：最好的产品卖最优的价格，优质内容引爆巨大流量

如何打造爆品？两个方法：一类是产品型爆品，一类是内容型爆品。

什么是产品型爆品？比如小米把最好的手机拿出来，卖最实惠的价格 1999 元，且利润不超过 5%。

e 袋洗 99 元一袋洗衣服务，以前洗衣服是一件一件的收费，而它是一袋一袋的收费，一袋里随便塞多少件衣服都可以，99 元一袋，而且上门取送。

再比如瑞幸的咖啡是它最好的产品，但是要购买最实惠的价格，下载 APP，第一次注册免费送一杯，这些都叫作产品型爆品。

第二类：内容型爆品。以微观学社举例。

以前陈平老师都是几万元一节的线下课，最开始，员工都是在网上找数据、找信息，给老板们打电话邀请过来听课。但现在时代变了，再这么做肯定“死路一条”。

后来就在互联网上传播内容，录一节课放在互联网上免费传播，全年每个星期听两节，每一节 40 分钟，最终建立了一个系统性商学院，当时 699 元一年，会员大量地进来，围绕这些会员服务，再引到线下，进行后端合作，微观学社就是这么做起来的。所以，这个就是内容型爆品。

一些虚拟产品的公司没有产品，就可以做内容。比如说课程、知识分享、专业分享，这些都属于内容。

前段时间，一个老牌明星入驻抖音，一上线粉丝就到了 7000 多万。那抖音为什么请明星，很简单，因为他承载着一个巨大的潜在流量，所以就把抖音的流量带起来了，这就叫内容型爆品。

这两者结合起来，威力则更大。比如说，中国高端女装第一名的公司，在香港上市，市值几百个亿，老板陈董是位 75 岁的老太太，创立了三个品牌，做成一家上市公司后，现在第二次创业做全新的女装定制品牌。

陈董就带着她的团队拍短视频在各大平台发布，发了后关注和点赞的人很多。当她这个人火了，那她的衣服、品牌就跟着火了。所以，解决产品不好卖的最高级思路和方法，就是产品型爆品和内容型爆品结合起来使用。

2.3 隐性成本增加：每增加一个新品类，就是增加一套经营系统

很多企业都会搞错一件事：爆品越多越好。想要打造出好的爆品，并不是增加产品的品类，这样反而会增加企业的隐形成本。

大多数企业产品品类变多的原因有两个：第一，在没有互联网营销的前提下，只做“三公里”的生意，所以用户体量是固定的，于是，为了增加收入就开始增加产品品类，以此来博取更多的生意流量。

第二，主营产品卖得不好。老板为了提高收入就不断地增加新品，产品一增加，整个隐性成本就会增加，导致最后整个公司的效率就变得越来越低。因为每增加一款产品，不是简简单单地增加了一款陈列，也不是增加了一款服务，而是背后的采购、供应、管理、物流、运营、服务、交付，整个链条全部都得跟上。

所以，千万不要轻易地增加产品。因为增加一款产品就是增加一个系统，应该反过来做，不是增加产品而是减少产品，把产品做成款款“爆品”。

爆品是一种信仰，
是要把你最好的东西，
让更多的人受益，
这才是爆品思维！

2.4 手机败局：不要为了营销，轻易扩充你的产品链

某传统品牌的手机为什么会被苹果干掉？表面上是因为智能机的迭代，但是本质上是因为它们的研发逻辑完全不一样。

这个品牌的价位从 500 ～ 5000 元不等，所有的市场份额都想占领。所以研发经费比苹果公司高得多，而且研发团队每个季度都要更新机种、更新系统和升级产品。

但是苹果反过来，它只有一款手机，颜色也不多，不断地更新迭代，每两个季度发布一款升级版的产品。所以减少了产品的品类，做到了款款“爆品”。

在今天互联式营销的思维里，一定要记住，不要为了营销而轻易地扩充产品链。首先应该集中精力把一款产品打爆，就算后面要增加产品品类，也必须要保证款款“爆品”。打不爆的产品，宁可不做。只要有“爆品”，企业就有无限的光明。

2.5 互联网模式：前端用手机圈人，后端再盈利

山寨机横行的智能机时代，小米异军突起，放弃了赚差价的传统思维，用综合利润不超过 5% 的极高性价比打爆市场，一下子聚集了大量的“米粉”，获得了大量的流量，之后每年不断地迭代“爆品”，赚足了用户的口碑。

到了今天，小米的线下体验店里摆满了精美的智能家居产品，已经将产品链延伸到家用电器的方方面面。最重要的是用户都非常买账，对小米品牌的忠诚度非常高，这就成就了小米今天的千亿美金市值。

那“爆品”怎么做呢？就是把公司最好的产品拿出来，用最低的价

格进行销售，同时实现在线化。

现在很多做得比较好的公司，其实用的都是互联式的盈利思维。比如说小米、360、瑞幸咖啡等统统都是先用产品圈人。

瑞幸咖啡用接近成本价的咖啡，线上补贴来圈人做流量，所以仅仅用了 18 个月的时间，就成为了纳斯达克的上市公司，市值高达 30 多亿美金。

相比之下，传统企业可能花了几十年，都干不出这样的成绩，不是因为老板和团队不努力，而是跟盈利思维有关，一定要从差价思维转型到流量思维。

以前做传统生意，有个概念叫加价率，加价率 =（销售价格 – 销售成本）/ 销售成本价，它是制定商品价格的重要依据之一。

比方说，眼镜行业的加价率大概能达到 20 倍，服装行业的加价率能够达到 12 倍，所以以前都是赚差价，而互联网专门做去渠道化和去中心化，它直接把流通渠道做成扁平化，像小米最开始直接在互联网上卖手机，就不存在渠道成本。

为什么小米会选择以仅仅 5% 的综合利润来做手机？因为要圈“米粉”，就要用最好的产品， 卖最低的价格，最后实现在线化的交易、互动和服务。把“米粉” 圈起来以后，就可以开始卖小米的智能家居、充电宝等一系列的产品，最后在后端赚取更多的利润。

微观学社就是这样做起来的，最开始线下课的报名费都是两三万元，后来把价值两三万元的课直接放到互联网上，卖最低的价格，学一年才需要几百块钱，实现产品在线化。最后圈了一大群的“微粉”，才有了今天的微观学社。

这其中很重要的前提是要用免费的思维，而这个“免费”，它是带引号的免费。因为在不同的环境、不同的行业，甚至对不同的产品，免费逻辑是不一样的，所以有的人用“免费”把流量引爆了，而有的人用“免费”把企业搞“死”了。

2.6 洗衣连锁店案例：5 年市值 100 亿，而前面 20 年只干了 30 家店

洗衣连锁店属于“重资产”，因为需要投入设备、门店、房租、水电、人工等成本费用，所以这种企业用传统的方式很难迅速做大。

北京的荣昌洗衣创始人张荣耀在开始创业的时候，24 年的时间，只开了 30 家门店，但是后来他用 5 年的时间做出了“e 袋洗”，公司市值很快就达到上百亿。

其实张荣耀在企业转型时，就想用互联网的思维来做互联式的企业。所以他从百度挖了个人才叫陆文勇。陆文勇就开始操盘“e 袋洗”：第一，拿出最好的产品，就是洗衣服务；第二，卖最低的价格——99 元一袋。以前的洗衣服是按件算，加急还要付加急费，但是现在只需 48 小时，并且上门取送，非常方便。尤其符合现在的“懒人经济”，关键是不按件收费而是按袋收费，并且在互联网上下单，既实惠又方便。

这就是爆品逻辑，将产品卖最低的价格，再将产品服务实现在线化。所以精选出一个产品，把用户体量扩大。就这样，荣昌洗衣就在全国吸引了一千多万个用户，企业的市值自然而然就暴涨起来。

因为它连接的是一千多万个家庭，一个家庭除了洗衣服，肯定还要洗窗帘、洗鞋子，以及奢侈品的维护，甚至未来在这个平台上，还会衍生出来很多的家庭服务。因此这家公司现在的日单量，可以做到线下 2000 家门店的日单量的总和。

所以企业没有“爆品”，那意味着没有用户，没有用户就没有社群，

没有社群就没有后端的裂变和商业模式！

2.7 汽车行业案例：一根针戳破天，打爆一款服务，变成行业独角兽

汽修行业的竞争处于白热化阶段，虽然汽车后市场很大，但是因为流量小，生意并不好做。这家企业就做出了一款“爆品”，因为它发现汽车最多的事故不是大事故而是小事故，小事故里最多的又是“刮蹭”。而“刮蹭” 如果送到 4S 店，第一，取送不便；第二，修车时间很长，动辄 3 ～ 7 天；第三，价格昂贵，基本在 500 ～ 2000 元之间不等。

后来这家企业就抓住了这个痛点，做出了名为“次晨达”的“爆品”。“刮蹭”最重要的是快速维修，否则客户在维修期间就无车可用。4S 店要三五天才能修好，而“次晨达”就是梦里修车、次晨到达。

比如用户的车发生了刮蹭，只需要打个电话，工作人员就会在适当的时间把车开走。当天夜里，工作人员就开始修车，到了第二天早上，按照约定的时间把车送到指定位置。整个过程只需支付 499 元，如果需要工作人员上门取送，再加 59 元的“司机费”就可以了。

所以仅仅依靠 499 元的“爆品”，在网上搞一次活动就可以做到 13 万元的业绩。最后联想给这家公司进行了 A 轮融资，这家公司的估值很快达到了 10 多亿元，这就是“爆品”给它带来的革命，而后端的维修、美容包装、保险等各种产品链，就可以进行裂变，赚无限的钱。

通过这几个案例可以看出，所有的传统行业，其实都可以通过“爆品”来逃离困局，从而改变企业命运。

传统的模式就是用产品赚钱，而新的模式都是用产品圈人，并且集中精力干这件事，只要有人、有流量，就什么都能干成！

A6 利润薄如刀：抓住三大引擎，企业降本增效，驱动利润暴涨

税后破产：很多企业一直处在“贫血”的状态，不改变就没有结果

传统企业五大生死劫：利润薄如刀。

很多企业目前的利润不是薄如刀，是连“刀”都没有，不仅没有刀，该交的税和保险都得交，因为这些全部都要规范化。但是很多公司在做一个压根没有办法赚钱的模式，还在那儿玩命地努力，这注定是没有结果。

所以，很多公司没有利润，这其实就是贫血的状态。公司没有利润拿什么来投入？拿什么做创新？不创新又怎么增长？没利润拿什么来给员工发奖？拿什么来给员工做股权激励、分红？没有的话又凭什么有人才跟着企业干？所以这一系列的问题都必须解决。

如何设计利润模型：正现金流、正利润、正人效

如何增加收入？先提高现金流，再提高利润率，最后再提高人效。所以“三正”原则：正现金流、正利润、正人效。一步一步去做，没有现金流会“死掉”，所以企业打造“爆品”，可能不是为了盈利，是为了做现金流。

现金流，包括人的流量（客流）和钱的流量。有了人的流量之后，再转化利润产品，这就有利润了。有利润后再来强化员工的动力，挤掉员工的泡沫，这就提高了人效。所以是一步一步来的，先做现金流，再做利润、再做人效。这就是要做公司顶层设计的原因。

那利润怎么创造？以前企业的利润薄，是因为做错了两件事：第一，打价格战，没有做附加值；第二，单点盈利，只在一个点上去盈利。这都是错的，所以“死路一条”，注定贫血。

所有行业的利润都是设计出来的，必须先设计一个有利润的模型，接下来再往下做。那具体怎么做呢？首先得知道一个最简单的公式：

利润 = 收入 × 毛利率 – 费用。

想要增加利润，首先要有三大引擎：增加收入、提高毛利率、降低费用。下面围绕这三大引擎，让利润快速实现暴涨！

逃离乞丐商业模式，企业提高毛利率的三大杀手锏

企业想要增加利润，首先要提高企业的毛利率。

提高毛利第一大杀手锏：做自主品牌。

第一，做自主品牌的产品。比如沃尔玛、华润万家、大润发这样的超市，它们通过线下渠道已经汇聚了大量的用户。过去卖产品都是卖别人的产品，叫作代理，但是现在它们有 30% 的产品，基本上都是自主品牌，因为自主产品毛利更高，这就是它的盈利利润池。

有一个在重庆做母婴用品的老板，以前是做门店批发的，但这样做本质上是上下游的搬运工，迟早都是会被淘汰。后来他从做产品，转变到做平台，到做门店赋能，帮助同行的销售商，提高他们单店的业绩和团队的战斗力，并在这个平台上进货，获得了更多的利润。

其实这本质上是“圈人”，只不过圈的是 B 端经销商，把他们圈起来后，有了全国几百家店，可以做一个自主产品赚取后端利润。

后来这个老板就跟新西兰一个工厂合作，做了一个新西兰进口的母婴产品的自主品牌。因为是自主开发，所以它的毛利就比较高，加上他有几百个店的网络，一下子就把公司利润拉起来了。

提高毛利第二大杀手锏：跨界连接。

第二，跨界连接。大家都在讲跨界，甚至跨界“打劫”，但是为什么很多人没能成功跨界？这是因为跨界需要两个前提：

其一，跨界必须是高毛利产品。比如微观学社也可以跨界，但是作为一家智力教育培训公司，如果跨界做快餐，那没有必要，因为这个毛利太低。

其二，跨界必须是强需求直接连接的产品。比如某导航品牌，它的地图导航一直都是赔钱的，虽然有几个亿用户，但是变现能力很差。因为原先它跨界了很多饭店和酒店，计划从中间收取提成。

可是用户如果要去饭店，一般都是在某团上选好一个饭店，再用地图导航过去。因此，不是先用地图再找饭店，而是先找饭店再用地图，所以这家公司是收不到广告费的，它不是强需求的连接，因为场景不对。

再比如美容行业。美容院本来是做美容的，通过用户办理会员卡反复消费，增加收入。虽然毛利也很高，但是还不够，完全可以选择跨界整形医院。

有家整形医院在全国，有几千家美容医院供给客户。他们不开发客户，全部都是美容院将那些爱美的女士，推荐到整形医院，整形医院给美容院高返利。一个订单，小则 3 万元，多则 100 万元。

假设一个 50 万元的订单，返利 40%，那就是 20 万元，但如果光靠做美容，是没有这么高的利润的。所以，美容院就非常愿意和整形医院合作，因为营销成本很低。

因此，美容院跨界到整形医院，这个产品第一符合高毛利，可以跨界；第二是强需求连接，美容的人本身就爱美，所以很有可能去整形。

再比如高端住宅的装修。以前做别墅装修，很多公司都会选择家居跨界的方法，但是一直没有跨界成功。这有两个原因：第一因为卖的是家居，毛利不够高。第二，不存在强需求连接，因为一般买这种高端豪宅的客户，都是对家居有比较高的要求。所以跨界另外一个产品——别墅庭院环境设计，就更容易成功。

很多别墅的门口都是没有规划，于是做庭院的专业设计，满足客户的各种设计风格需求。第一，属于高毛利；第二，属于强需求连接，这样就可以跨界成功。

提高毛利第三大杀手锏：打造产品链条。

最后一个提高毛利的方法，就是打造产品链条。顶级的公司都有一个逻辑，用“爆品”圈人，用产品链条赚钱，因为产品链条可以实现重复消费。

为什么说用户是资产？因为过去做生意，跟用户都是“一生一次”。用户买完了下回不知道还会不会再来，但是用户都有终身价值。所谓的终身价值，就像在某团上点外卖，很多上班的人，可能会点十几二十年的外卖，所以用户的终身价值非常大。而且某团前期会给用户一些补贴，完全划得来。

因此，在公司里要打造一个产品链条，来满足用户的终身价值和重复消费。

世界顶级商业模式：入门爆品+锁定耗材+终身消费

全世界最顶级的商业模式=入门爆品+锁定耗材+终身消费。

就像吉列的剃须刀，入门爆品就是一个刀架和几个刀片，虽然价格比较低，但是锁定了耗材，未来要单买刀片就比较贵，最后形成终身消费。

为什么吉列公司的股票，巴菲特一直拿在手上，就是因为他觉得这家公司的商业模式非常好，它符合这个顶级盈利公式。

所以传统企业就要反思，是否有这样的产品和产品链条，没有的话利润率就很低。如果只在一个点上赚钱，就只能跟别人打价格战，毛利就会越打越低。

小米公司有一个“铁人三项”：互联网＋硬件＋软件。小米最开始做互联网是做 MIUI 论坛，沉淀了十几二十万的“米粉”，后来卖智能手机，这叫硬件圈人，最后又通过各种软件挣钱。比如小米的游戏和应用，包括小米线下的智能产品，它也是一个产品链条，符合这个顶级盈利公式。

企业必须删除三大浪费，成本即可变利润

利润＝收入×毛利率－费用，企业要想增加利润，除了提高毛利率，还有一个就是降低费用。

过去计算利润是：利润＝收入－成本，所以要不断地增加收入和降低成本。但现在的成本主义有一个巨大的变化，叫作“新成本主义”，利润＝成本－浪费，意思是公司投入的成本，已经没有办法改变了。关键是在这个过程里，在投入成本的基础上，把过程中的浪费删除掉。而在整个产业运作的过程里，有三大浪费可以删除，以此来降低费用，提高利润。

企业消除浪费的第一大途径：采购费用变采购利润。

首先第一个叫作采购费用，因为很多公司都把采购费用当成了库存，那怎么把采购费用变成采购利润呢？

大公司最终都采用了规模经济。所谓的规模经济是先圈人，在流量做起来以后，对供应链采购公司，依靠规模经济降低采购成本，来增加公司的利润。

比如海澜之家有 1 万多个上游的供应厂家，这 1 万多个服装企业，他们如果各自采购，采购浪费就非常严重。于是海澜之家成立了一个万家企业采购联盟，这样规模经济就起来了，便可以用阶梯采购的方式，把成本降下来，就提高了整个平台的利润。最后品牌方海澜之家还有加盟方以及终端的用户，都能从中获取好处。

再比如装修行业，用户在装修时买沙发，这个沙发可能要 1.5 万元一套。但是如果采用用户反向定制的方式，在用户做家装到软装中间，花费的 3 个月到半年的时间里，集合大量用户在做家装时，就一起定制。

这时可能就会有一两万套的定制量，那么这样的集体采购，就可以把这套沙发的价格从 1.5 万元降到 1.2 万元甚至是 1 万元。这样消费者也会拿到更高的性价比，关键是平台可以从供应链里赚到利润。

这就是采购费用变采购利润，今天有规模的公司都在用这一招提高公司的利润。

企业消除浪费的第二大途径：人员成本变人员利润。

第二个方式叫作人员成本。很多公司都认为这不是资产，但是人员资产其实是一个占比很重的资产。

比如像微观学社这样的智力教育公司，员工就是最大的资产。还有麦当劳、海澜之家、名创优品、7-11 便利店连锁，甚至所有的快捷酒店，它们最后其实都是一家运营管理赋能的公司。也就是意味着它们没有什么重资产，它们的资产全部都是人员资产 。

那怎么将人员费用变成人员利润呢？这个时候就要注意一个词叫作“人效”。老板们一定要关注这个词，不是关注公司有多少人，而是关注每个人能创造的人均绩效。

举个例子，阿里巴巴的人均绩效可以做到 117 万元 / 年，也就是一个人一年可以给公司创造 117 万的绩效，而便利连锁 7-11 的人均绩效是 120 万 / 年。

假如一个公司 50 个人创造了 1000 万绩效，那么人均绩效只有 20

万，所以为什么企业的价值出不来，就是因为人均绩效和那些顶级公司的人均绩效相比，差距实在太大。

因此，如何提高人均绩效，就是把人员成本中的浪费降下来。这中间要注意以下两点：第一，操作标准化；第二，人员专注化。

如果企业拥有丰富的产品链，这会给后端博取更多的盈利点，但是得保证整个团队要保持专注。很简单的道理：熟能生巧。如果一个人只专注地干一项工作，那么这个人的效率就会足够高，但是专注的前提是整个组织的分工是标准化的。

印度有一家民营眼科医院，它在这方面上做了一个巨大的探索，让人叹为观止。

印度有很多人患有眼科疾病，但是因为老百姓负担不起医药费用，所以这家医院就发心要做慈善，不计回报地给大家治疗眼科疾病。最后它怎么做到低成本高效率的运营，来完成这个慈善目标呢？

它把整个眼科治疗，做成了像麦当劳一样的标准化流程操作。一般的眼科医院，它白天上班 8 个小时，但这家眼科医院，上班时间是 3 个 8 小时，全天就像生产线一样。一般的眼科医院医生，他一个时间段只能给一个病人做治疗，但是这家医院的医生，同时可以给 4 个病人做治疗，前后左右各一个，用标准化的程序，之后所有的缝合、包扎等工作，都是由旁边的护士来完成，这样以来就把专业眼科医生的人均效率至少提高了 4 倍。

所以，如果要提高人效，就必须保证对人员的组织分工标准化，还要保证人员的专注化能力提升，中心只有一个，就是让公司的人效逐步地提高。

因此，人均绩效是利润而不是收入。

企业消除浪费的第三大途径：渠道费用变渠道收入。

第三个方式叫作渠道费用变渠道收入。过去做渠道，要么是打广告，要么是自己铺门店，所以起初想把生意做大，结果把资产越做越大。为什么？因为投入成本太大，而且回款周期太漫长。然而那些做得比较好的连锁型公司，它们全部都不是投资型的，而是产业平台型。比如印度的一家酒店。

这家酒店做了市场调研：客房数量在30间以下的，叫个体户招待所，没有必要跟它们去合作；客房数量80间以上的酒店全部都被如家、汉庭、华住集团这样的品牌全部占领。而中间正好空出一个区间，就是30～80间的客房，都是中小型的迷你酒店。但它们大多数都是夫妻店，管理不规范、没有系统、没有品牌、入住率不够，导致附加值利润做不出来。

于是，这家酒店就做了一件事情，在全中国和全印度，专门找这种酒店，对它们进行流量赋能，用一个品牌在互联网上去传播。因为现在互联网上对酒店的引流，大概占到整个酒店订单的98%，所以只要在互联网上做好了引流，那么线下的入住率就会大大地提升，这是它的第一个赋能。

而第二个赋能，是它对酒店进行的微改造。以前脏乱差的酒店价格可能只能卖到120元/间，但是它做了微改造。这个时候房间的价格就可以达到180元/间，甚至200元/间，附加值就体现出来了。这家酒店就用这种方式，在线上做流量赋能，在线下做微型改造。

这家酒店捆绑了50万间客房，不收取加盟费，也不收品牌管理费，只收取盈利的30%～50%。它把渠道成本直接革命性地除掉了，最后它所有的客房可以反向给它缴纳盈利分成，这就是渠道费用变收入。

稍微研究一下就会发现，像海澜之家在服装行业是这么做的，7-11在便利店行业是这么做的，包括名创优品在饰品行业也是这么做的，模式都如出一辙。

这些成功的大型企业统统都是用产业平台的方式，对下游进行赋能，没有渠道成本。它们的渠道成本最后全部都变成了企业的渠道收入和渠道利润。

1. 产品盈利驱动利润，重塑周期盈利模式，实现营收、粉丝双暴涨

1.1 多点突破，打造三级产品链，从卖产品到卖会员

利润 = 收入 × 毛利率 – 费用，增加毛利率和降低成本的方法都已论述，下面最重要的就是如何提高企业的收入，四个方法：产品盈利、系统盈利、模式盈利、股权盈利。做到这四步，公司如果不赚钱，那就“见鬼”了。

第一个驱动利润的方式，产品盈利。

所谓的产品盈利，就是不能用单点，要用多点，至少是三级产品：入门产品、标准产品和利润产品。

入门产品圈人，很简单，入门产品是爆品做流量；标准产品做基础利润；利润产品做高利润。所以它是一系列，不论哪一家公司都是这么干的。

这个时代一定不能重资产运营，要选择轻资产运营。但这不代表把所有门店都卖掉，真正的轻资产，不是不投钱，而是在公司成本费用不增加的前提下，收入可以增长 N 倍，这才是轻资产。

比如企业想要提高利润，那现有的成本费用下怎么提高收入？就是多办会员，也就是从卖产品到卖会员。

在美容美发行业中，中国做得最强的一个品牌，拥有几千家店，一

年 20 多个亿的产值，怎么做到的？38 元洗剪吹体验，进门后给顾客按半个小时肩膀，一边洗头发一边渗透：“哥，你以后来我们这儿理发，我们这儿理发起步价都是 100，级别越高、单价越高。你现在充一张 5000 块钱的会员，就可以给你打五折了；充一张 2 万的会员，给你打 3.8 折。如果你觉得肩颈经常护理挺舒服的话，你还可以理发、理疗一起做，人家理发排队的话你就先做理疗，理完疗再理发，或者理完发再理疗。”

所以，人家都把它设计好了，就是做会员的充值，38 元洗剪吹叫入门产品，充 5000 元、充 2 万元的会员卡叫标准产品。一个店如果一天办 10 张 5000 元的会员，那就有 5 万元的现金流，如果只是理发，要理出来 5 万元就很困难了。

所以，在投入不变的情况下，怎么让收入翻倍？甚至收入翻几倍？就是办会员、提高会员的附加值、设计爆品会员，这是最直观的方式。房租、水电这些成本还是那么多，但一天的产值能够翻好几倍。

再来看这个品牌是怎么做利润的：后端的理疗、SPA 就是利润产品，做一次 500 元、800 元。它把一个小房间做成一个 VIP 剪发房，为顾客供一个果盘和电视，边吃边看边理疗，顾客觉得备受尊重。这个就是高利润。

所有这些赚钱的公司是怎么赚钱的？叫链条的盈利思维，至少是三级产品链，入门、标准、利润，一步一步向下沿深，这个时候用户也开心，员工也开心，公司也赚得盆满钵满。

因此，一定要把公司的盈利模式，从卖产品变成卖会员，定制一款超高性价比的“爆品”，先把人圈起来，一定要先付一定费用，交了钱才会交心。

1.2 火锅店爆品案例：充 1000 元会员卡，送 1000 瓶啤酒

有一家火锅店，之前的促销方案是 3 个人吃火锅收费 200 元，4 个人吃火锅收费 300 元；但现在重新设计了一款会员产品：充值 1000 元消费卡，可以抵扣 1000 元消费金额，并且赠送 1000 瓶啤酒。

有一个原则很重要：送的产品叫赠品，赠品必定是精品。1000 瓶啤酒，即使 3 元 / 瓶，成本也得 3000 元。那不是相当于充 1000 元送 3000 元，赔本吗？

但是事实上，要想“圈人”，就要从毛利思维走到流量思维。这款“爆品”推出之后：

第一，本来只消费了 200 元的顾客，就有可能充值 1000 元；消费了 300 元的顾客，也可能充值 1000 元。所以每一天单店的营收，就从以前的 3 万元变成了 10 万元，这时门店的收入其实已经倍增了。

第二，这 1000 瓶啤酒只能存放在店里，顾客按需领取，所以门店不需要那么多库存。一般 4 个人吃火锅差不多喝 30 瓶酒，那店里还剩 970 瓶酒。下次要外出吃饭，客户的第一反应肯定还是吃火锅，因为他就会冲着占便宜来——还有 970 瓶啤酒没喝完呢！

第三，客户的朋友或者同事要外出吃饭，他肯定会推荐去那家火锅店。这其实就是在帮火锅店做引流，而关键是他引流过来的人，继续可以让他办理 1000 元的会员卡，这样就实现了裂变。

所以这个时候就不是在卖产品、卖火锅，而是在卖会员、做粉丝，通过粉丝实现自动裂变。来店里的所有客户，不可能每次来火锅店只喝啤酒，肯定还会要点其他产品，所以后面的利润产品就可以无限裂变。

这个叫作循环周期盈利模式：第一，它是循环的，包含引流、变现、裂变这三个环节；第二，它是周期的。更重要的是它可以让这个店的营收和粉丝流量实现暴涨。店里流量越多，那这个店里的生意就肯定会越

好！员工的干劲就越足！

1.3 农资行业爆品案例：超高性价比会员，一场经销会收款1470万，锁定业绩5000万

有一个做农资生意的老板，他以前的角色就是个“夹心饼干”。一年有一亿多元的流水，但常常是“上游先打款，下游再赊账”，到最后自己手上都没钱发工资了。而且虽然手上有120个经销商，但是经销商都是哪里便宜在哪里进货，丝毫没有忠诚度。

后来他通过设计会员制来绑定经销商，开了一场经销会活动，把一百多人的经销商聚集在一起，现场收款1470万，锁定业绩5000万。

以前的经销商进货，交款是5万元、10万元或20万元，而这次只设计了一个150万元的产品：

第一，客户在现场需要一次性确认缴纳150万元的进货款；

第二，客户必须连续三年进货，并且每一年的进货金额需要超过1500万元，现场赠送一辆丰田霸道汽车。所以一场经销商大会，直接收款1470万元，这个叫作提前锁定收款。

最重要的是，未来三年经销商们还会持续在这里进货。至于送出去的汽车，可以通过按揭的方式把车买在经销商的名下，他按期进货，按揭的月供就由这家公司承担，如果没有按期进货，月供也可以选择停止。这样一下子把几千万上亿的业绩就锁定了。

这时老板手上就有接近1500万元现金，他既锁定了未来好几年的业绩，又摆脱了之前“夹心饼干”的困境。这个思维依然是从卖产品到卖会员，以此增加收入。所以，一定要记住不要先研究利润，要先研究流量和收入！

2. 系统盈利驱动利润，分掉看得见的钱，赚看不到的钱

2.1 老板最大的失败，就是管的住人，管不住心

第二个驱动利润的方法：系统盈利。

全世界真正赚钱的公司都不是靠产品赚钱，而是靠系统赚钱，系统赚什么钱？管理费、加盟费，逻辑就是把看得见的产品盈利都分掉，分给加盟商、分给骨干员工，让他们去当老板，如果员工变成老板了，或者招了加盟商让加盟商干，那还用管他打不打卡吗？还用管他做不做计划吗？还用对他进行绩效考核吗？统统都不用。

所以，现在很多人最笨的方式就是，天天在研究管理，管理是很难给企业带来增长的，要研究经营。

经营和管理最大的区别是什么？**经营是怎么激发员工做增长，管理是怎么管住员工。**上班打个卡，下班打个卡，上面一个“上”，下面一个“下”，叫“卡”，老板能“卡住”员工的“身体”，但卡不住员工的灵魂，卡不住员工的心。

2.2 酒店行业案例：把员工变成加盟商，狂吸 2 亿会员

33 岁创办携程，36 岁创办如家，39 岁创办汉庭，11 年做出 3 家百亿级上市公司，国内一半以上的快捷酒店，竟然都是一个人干的？他就是季琦！

更牛的是，当初他创办汉庭时，只用 5 年就在全国狂开 1000 多家店，成功上市。这就让人不禁好奇：快捷酒店成本是很高，一般从投资、选址、装修到盈利，少说也得两三年，季琦为何仅用 5 年就把汉庭做到这么大呢？

其实秘密很简单，因为这些店，根本不是他自己开的！

首先，汉庭就是去找那些没品牌的个人酒店，跟他们说：你们酒店现在产能根本没有发挥出来，只要你来加盟我们，你就可以用汉庭的品牌赚更多钱，只需要交 50 万加盟费和每年 5% 的品牌管理费就行。

那别人凭啥愿意交钱加盟呢？因为汉庭会给到他们两个东西：

一是派职业店长驻店 3 个月，帮你改造管理系统，升级酒店形象，提高服务质量和运营效率；

二是现在你的大难题是没有客流，我们合作之后，华住集团 2 亿线上会员流量直接接入，以后你不用担心入住率，会员会主动找到你。

所以别人开个酒店从选址到开业，至少要投个 300 万，花上半年时间。汉庭呢 15 天就能搞定一家酒店，1000 家酒店原本要投 30 亿，它也不用投了！

它就靠经营赋能、流量赋能，把别人的酒店变成自己的酒店，轻资产、低风险在全国快速裂变！所以这个叫系统盈利。

以前老板只有一两个店，自己盯着就可以管好了，但是当做到 80 个店、100 个店，老板要把所有的店都管好，那就太难了。但是如果把底下的店都变成了加盟商，哪怕是自己的员工去开店，员工也变成加盟商，那员工还用管吗？

店里面的利润都归他，店也是他投的，或者公司跟他一块儿投，他拿大头的分红，这个时候老板和员工的关系，就变成了他是老板。所以再怎么对待员工，他都觉得是在帮他，如果他没有分红或者他拿 20%，你拿 80%，你再怎么帮他，他都觉得你对他不好。所以老板不把这个心性扭过来，这个公司很难做大，就算稍微做大一点，老板都累死了。

一个老板最笨的方式就是自己出人、自己招人、自己培训人、自己出钱、选址、开店。所有的店全是直营店，叫用自己的钱、自己的人、自己的心血做事业，全是重资产，一旦遇上疫情影响，一下子就回到解放前了，就非常难。

但如果底下的店都是加盟店，或者都是员工拿出来的钱投的店，老板为员工帮忙提供平台的支持，员工赚店里的钱，老板赚平台的钱，老板赚管理费和加盟费，那老板和员工都轻松，都有干劲，管理成本就下降了一大半，这是内部视野。

2.3 互联新商业：7 年 100 万间客房，传统酒店如何用互联式思维连接起来

如果再开启行业视野，那就更厉害了。比如前面提到的印度 90 后小伙子开的酒店，他 7 年开了 100 万间客房，市值 100 亿美金，最后孙正义还做了投资。

前面讲述了它的渠道，现在讲述下它的连接思维。

如家、汉庭加在一起做了 20 多年还不到 50 万间客房，这家酒店 7 年就开了 100 万间客房。如果自己一家一家地开，开 100 万间客房，1 万多个酒店，那开完了估计胡子都白了。

很显然，它是一种新的模式，就是互联式的模式——连接。它就把如家、汉庭以下的部分连接起来。如家、汉庭都是 80 间以上的客房。剩下 30 间以下的都是小型的招待所，特别乱、特别杂，或者已经转成小民宿了，它们都已经有出路了，就 30 间到 80 间这些规模的小酒店盈利水平不行，都是夫妻店，没有连锁、没有标准。

这家酒店说“我把你们连锁起来”，平台提供统一的品牌、统一的微装修改造，窗帘、壁纸、灯光、洗澡设备，花一两万块钱帮你改造一下，那这个感觉就起来了，就可以提高客单价。以前都是 100 元一间，入住率 40%、50%，现在价格变成 180 元一间，统一互联网平台订房，

上万个酒店全国统一推广。这样操作下来，这些小酒店都不缺客源，客单价也提高了。

那这个印度酒店怎么赚钱？就是从每一个酒店里收增值的管理费。目前它暂时还不收加盟费，一旦它的规模和势能真正垄断之后，一定会开始收加盟费，再加上每个月的管理费，它就是纯轻资产，自己一分钱都不投，但是开了 1 万多个酒店、100 万间客房，这就叫作连接思维。

所以，连接本身就是最大的价值，这是互联网时代的一个思维。

2.4 企业最大的悲剧，就是卖了无数的东西，却没有跟用户建立紧密的关系

互联网时代，老板的焦点不应该是营销，而是互联。你能连接多少人，你的生意就有多少人来帮你把它做大。所以要改变思维，从以前卖产品的思维，变成现在搞关系的思维。

过去卖产品的思维是：拉 1000 个人，给每个人卖一次产品，这是传统的营销；但是互联式营销的逻辑是：针对一个人想办法卖 1000 次，让他再帮忙拉 1000 个人过来，每个人再卖上 1000 次，依次无穷地裂变，这就是互联式营销。

为什么滴滴的市值这么高，因为它只做了一件事情，不是卖产品而是做连接。在中国连接了几亿的用户，以及几千万的司机，所以这个平台的价值就体现出来了。

美团上面没有一个饭店是自己开的，但是有几百万家饭店，因为它把饭店连起来了，所以它的价值就相当大，市值几万亿美元。而且市场不再需要多一个这个行业的竞争对手，比如做母婴的，不需要再多一个做母婴的，做建材的，不需要再多一个做建材的，更需要的是这个行业的赋能商，对母婴行业的赋能、对建材行业的赋能、对酒店行业的赋能。

所以 21 世纪最大的悲剧，就是卖了无数的东西，但是却忘了跟用户建立关系。

因此互联式营销的重心，是要研究怎么跟用户建立关系，让他去持续地重复消费，同时再做转介绍。

3. 模式盈利驱动利润，从卖产品到卖模式，连接全国多点开花

3.1 模式盈利的三大秘诀：赚加盟费、赚供应链差价、做平台经济

第三个驱动利润的方法：模式盈利。

如果一个公司能掌握产品盈利的方法，又把系统盈利做成了，那就真的可以开始玩模式了，也就是模式盈利。

每个企业都要基于根基的成长，万丈高楼平地起，很多人学点商业模式，最后为什么发现商业模式落不了地，在天上飘着呢？很简单，因为没有根。

商业模式的根是产品盈利、系统盈利，当有了产品盈利，也就是有了流量，有了现金流、有了客户流。当建立了系统，可以帮同行赋能，这个时候再做模式，跟别人建立起连接，就能做得成。

那什么是模式盈利？第一，卖模式的赚加盟费；第二，赚供应链差价；第三，做平台经济。

平台经济是什么？就是跨界，像美团从外卖跨界到酒店、旅行，现在又跨界到社区团购，因为有了平台、有了流量。以前比如开火锅店的企业，它就是卖火锅卖菜的，现在把火锅店的盈利产品做好了，又把火锅店的管理体系和店长培养系统做好了，这个公司就不再是卖火锅了，

而是卖火锅店，卖火锅就是卖产品，卖火锅店就是卖经营模式，这就跟前面连接起来了。

3.2 一套模式跑遍全国，市值 392 亿，成为中国旅游演艺第一股

加拿大太阳马戏团、法国巴黎红磨坊、中国宋城千古情等都是比较有名的演艺团队。

宋城演艺做成中国旅游演艺第一股，正是它们打造了一个非常牢固的产业护城河，从卖产品升级到了卖模式。

宋城的老板黄巧灵，凭借在文化旅游行业摸爬滚打的经验，创造了一个还原宋朝当年盛况的旅游景区横空出世，开园当天就来了 6 万多人，成为了当时炙手可热的旅游胜地，靠着这种稀缺感，宋城成了当时的爆品。

随后推出了“千古情”的表演，将两个一结合，创造了一加一大于二的经济效益，开业七个月，宋城接待人次就超过了 100 万，常常一票难求。

此时的宋城演艺，在经营上有了很多经验，开始思考怎么进行异地扩张。所以就开始进行了产业赋能，琢磨着如何利用宋城强大的资源整合能力，物尽其用的开发。

首先，他们先在园内进行小规模实验，先针对不同人群设计特色节目，获得了好评后， 宋城演艺就设计了一种赋能模式， 叫“标准化内容 + 定制化千古情”，并复制到全国。

标准化代表宋城的一些固定的运营套路，比如在场地上，建一些标志性建筑，就像每个迪士尼都会有一座城堡，在运营模式上，都是和当地的旅行社达成合作，你把人带到我这里，我就给你分红，这个时候靠

的还是宋城演艺来直接经营，直接管理。

与此同时，宋城因地制宜，结合当地特色，推出了定制化“千古情”系列剧目。

但是，这个模式有一个致命的问题，就是收入严重不均，有的地区发展很好，有的地方却远远不到平均线。那么有没有一种办法，能够只复制这些好的经验，又避免之前踩过的坑呢？

因此，宋城演艺便开始对这种赋能模式进行改良，由重资产赋能直接管理，转向轻资产赋能，也就是说，他们不再自己去建场地了，而是从卖产品变成了卖方案，我们用我们的品牌，我们的经验来帮你打造符合你的定制演艺方案。

为了避免之前踩过的坑，宋城细细研究了以往成功和失败的经验，编成了一个他们自己的“赋能葵花宝典”，把那些成功的案例都记录下来，想要复制必须去考核，是否满足条件，达到一定的数量，才能去异地复制。

准备工作都完成后，宋城在湖南炭河进行了第二批赋能模式的实验，果不其然，作为首批复制的轻资产赋能产业，炭河千古情十分成功，一年就接待了 200 万人次，这人数可是当年杭州宋城演艺的两倍啊！

这个模式跑通后，宋城就在全国遍地开花，迅速占据了全国 67% 的市场，牢牢成为行业第一。

宋城演艺能够成功，就在于坚持自身核心竞争力的基础上，利用他们充分的整合能力来赋能全国。

这对于做企业来说，用品牌价值和赋能模式帮助更多的企业，是一个很好的经验。

4. 股权盈利驱动利润，学会玩转股权，撬动千万财富

4.1 股权出让的三大方法：把员工变创客、投资合伙，把客户变消费商

除了产品盈利、系统盈利、模式盈利，最后一种驱动利润的方法，就是股权盈利。

股权盈利怎么做？把股权卖掉，高手都在干一件事情，就是不断卖公司的股权，因为要保证公司现金流充足，尤其一些互联网公司就是卖股权融资。

要把股权卖给三类人：一员工、二客户、三投资人。比方说把员工变成投资人，变成创业者。怎么变？员工要么买公司的股权，要么买门店的股权，买项目的股权。

只要把这些方法落地，公司都会转型，就不会缺现金流，也不会缺钱，成轻资产型公司，员工变成老板，变成创业者。

4.2 如何通过卖股权，让员工变成老板、变成创业者

第一种是对员工做押金分红。

怎么把股权卖掉，让员工变成老板、变成创业者。最简单、最基础的方式叫押金分红，所谓的押金很简单，你合同期到了，钱保本给你退，员工在这里零成本创业，一分钱的风险不用担，但是公司得让他掏钱，如果不掏钱，这个干的状态是不一样的。

有一个做连锁超市的老板，他有 20 个店，业绩做得很颓废，欠供应商几百万还不上。员工一个一个“死鱼眼”“苦瓜脸”，后来改造了一下营销，他的组织一下就激活了。具体方案：

每个店长交 8 万元，这 8 万元是创业押金，签合同 3 年，3 年以后如果这个员工不干了，这 8 万元就原路退回，但交了 8 万元就从店长变成合伙人了，那这个店就交给这个员工了，店里的利润 80% 都归他，总部收 20% 的管理费，收的是利润，这个时候店长变成了老板，到底是公司给他打工，还是他给公司打工？很明显，公司给他打工，他占大头。

那总部怎么赚钱？第一，收取门店 20% 的利润做管理费；第二，给门店做供应链，留 1% ～ 2% 的供货差价，甚至更高，但是要给门店真正的存够利润，让公司旗下的创业者能赚到钱，哪怕公司前期少赚一点。要记住，关键是把规模做大，把规模做大就能托起更多的人改变命运，这个时候老板的价值就大了，不可能没有福报。

当门店从 20 个变成 100 个时，光在供应链上拿到的差价就会多出来几个点，还能没钱赚吗？而且在这 100 个店里做一点产品的创新，这样就跨界赚钱了。所以，这是最低门槛的押金分红。

4.3 如何通过员工激励，把大家变成一伙人

第二种叫投资合伙。

投资最好是把员工拉到项目里做投资，不要动不动把总公司的股份拿出来给员工做激励，总部的股权激励，根本起不到激励的因素，它只是福利。

举个例子，比如在总公司拿出来 30% 的股份，分给员工，可能分给 30 个员工，一个人可能 1% 都不到，在员工的心里感觉跟没给一样。第二，能挣钱就分一点，挣不了钱的人也不着急，因为干多干少都一样。股权激励如果是这样的一种分散型，就没有什么意义。

但分下去有一个用处，就是那 30 个人会觉得“老板认可我，我是公司的股东，不管是 1% 还是 0.5%，我也是股东”，员工会有归属感，

这对留人是有帮助的。如果盈利比较好，一年如果分几万，回家过年他老婆会说“你老板对你还不赖”，就有这个作用。

那么，如果要真正激发员工，进行激励怎么做？把他拉到门店里，拉到项目里。

举个例子，比如一个门店，总部投 60%，店长投 40%，这就是合伙，真金白银投进来。在投资回报额以内，比如说在回本之前，按六四分，总部分 60%，店长分 40%。公司 60 万回本以后，总部分 40%，店长分 60%，最终店长变成大股东了。这个就是投资合伙。

这样做对员工的激励作用就很大，因为这是跟自己有关，哪怕是疫情关门了。用微商、用微信，跟客户维护好关系，在网上卖货，员工的状态和动力就出来了。这就是最有效的方式。

如果那些门店的店长干得比较好，老板又可以在总部释放一点股权，这个叫福利，让他感觉老板真的把他当成一伙人，而不是互相赚钱的工具。

那退出该如何退？如果亏损期退出，股本金不退。如果盈利期退出，可以退回股本金，再加一个增值。比如这个员工投了 40 万，退出的时候公司的利润增长了，那就把增值的权益也分给员工。甚至有的公司还规定，如果 5 年之内退出，当时是盈利的就原额退出，学时是亏损的股本金不退，甚至要承担赔损，剩多少退多少。

一旦涉及员工出资或者投资合伙，一定要有合法合规有效的股权激励协议和股东管理章程，这个东西就不是闹着玩的，千万不要自己瞎写，一定要找专业的组织或机构来帮忙，所以老板身边一定要有高人指点、要有专家助力，至少不会掉坑。

4.4 1万元微股东方法：把客户变成绑定持续消费，门店快速裂变的杀手锏

第三种是对客户，怎么把客户变成消费商？说白了就是把客户变成股东。

干经营的永远搞不过干运营的，经营就是做门店的内部，运营就是做平台，平台是 S 端，就是产业；经营是 B 端，就是渠道；终端是用户，是 C 端。S2B2C 是产业平台赋能渠道，渠道连接终端用户，这是未来最好的黄金商业模式。

原理是什么呢？尽快地把门店卖掉，就是把经营的钱分掉，让别人去赚，让别人去操心，大老板身心解放。总部 S 平台端运营得越好，旗下的经销商，哪怕是员工加盟商，他们就赚得越容易，最后大家就会互生，彼此会越来越好，这叫彼此成就。现在很多公司的老板和员工都是彼此消耗，上班老板骂，下班骂老板，没什么前途。

微股东是把客户变成股东一个非常入门的、管用的方法。比方说以前客户到店里消费，把货卖给客户就结束了，关系就断了，后面的生意也就断了，没有持续消费。或者以前客户办了几百元的会员，现在就只做一种充值 1 万元的会员，如果充 1 万就变成这个店的微股东。

第一，这 1 万元可以消费；第二，成为这个店的老板，变成股东，但这个股东前面加了一个“微”字；第三，这个门店前 3 年利润的 50%，也就是利润的一半都拿出来分享给微股东，每个店上线招 100 个微股东，只分前 3 年，3 年之后的利润就归公司，或者归到这个店的经营者。前 3 年把利润的 50% 拿出来分给“铁杆粉丝”用户。那这个用户凭什么是“铁杆粉丝”用户？就是因为充了 1 万元，产生了信任关系。

如果这样做，想要裂变新门店的公司就很好做了。因为老门店里有

老会员，肯定有一些铁杆粉丝，去开新店根本就不用自己的钱。假设一个新门店投 100 万，只要在老门店里招募 100 个微股东，一个人 1 万就是 100 万了。

进账以后开的新门店，再让这 100 个微股东到店里消费，不断进行客户导流。这样老板不仅一分钱没有花，还把一帮人联系在一起，就把这个商业搞成了。虽然把前面 3 年 50% 的利润分出去了，但门店以及后 3 年的利润却是自己的。所以越是有老门店、老会员基础的越容易做成。

老板要真正的把产品做好，把对每个店的赋能和帮扶做好，这样才会有更多的人一起干，这就是把客户变成股东、变成消费商。

5. 拉升“坪效”模式，打通线上线下 O2O 盈利闭环

5.1 新零售：打通线上线下的 O2O 模式，拉升时空坪效

除了产品盈利、系统盈利、模式盈利、股权盈利，增加收入的杀手锏还有一个，叫作增加坪效。

坪效，即每一平米的产出和效率，像苹果公司是电子行业坪效最高的公司，大概能做到坪效 30 万元，后来者小米也不错，能做到坪效 27 万元。

但是小米能做到 27 万元的坪效，有一个很重要的思维模式，就是打通线上线下，也就是 O2O“新零售”。

所谓的“新零售”，即生意既不在线上也不在线下，而是线上线下同时存在，把 O2O 打通，这是提高坪效最核心的秘笈。

5.2 新零售案例：餐厅做社交，超市做卖货，APP+ 云仓做电商

比如盒马鲜生，为什么现在的盈利能力和流量很好？因为它不是传统的门店，也不是纯线上店，而是一家 O2O 的线下店。这家线下店有以下几个功能：第一，它首先是餐厅；第二，它也是超市，更重要的它还是云仓。

先说一下餐厅，盒马的餐饮区占了整个店面的五分之一。很多人成为盒马的会员，基本上每个礼拜都会去一次，吃完饭之后顺便就会购物。因为这里也是超市，而且它是以生鲜为主，所以比一般的生鲜超市更干净、卫生，整体的体验很好。

更重要的是它是个云仓，云仓就是线上下单，线下配送，仓库就在消费者的周边，三公里内 30 分钟配送到家。

所以未来整个线下生意的改造，其实就是围绕“人”“货”“场”这三个字。

首先是“人”，所谓的人就是围绕着用户，一定要记住，做线下生意的目标，不是为了卖货， 而是为了“圈人”，这也是盒马鲜生必须要求使用它的 APP 的原因。而且它整个物品的陈列都是以“人”为中心。

第一是“人”，在超市里布置了一个很大的餐饮区域，虽然占了很大的面积，但是满足了社交这一需求。

第二是“货”，所谓“货”的做法就是：

① 改变陈列。

以前的商店陈列是货物排得越满越好，但是现在如果做陈列，不管什么行业，一定要腾出一个区域。比如做母婴用品，就可以在店面内腾出一块区域专门做社交活动，或只陈列“爆品”。其他的货全部放在仓

库里，布置一块有仪式感的场地，让会员可以参与线下活动，只要做线下活动，客户就会带来流量。

②要有“爆品”。

比如盒马鲜生的“爆品”——芒果，两个大芒果才卖9.9元，这明显是“爆品”思维。基本上就是通过成本价做引流，打造属于自己的“爆品”。

第三是“场”，盒马鲜生在线下是个社交场所，在线上是个云仓，支持线上下单，送货上门，于是盒马搭建了自己的“云轨”。

比如一个小区域，四周会有六个配货点，只要线上下单，那最近的配货点就会把下单的东西装好，直接送上云轨，运到发货仓，发货仓的配送员就把订单直接送上门了。因此，“云仓+超市+餐厅”的这种社交形式，是未来线下店转型，以及新零售的核心。

5.3 拉升企业收入的211工程：2支营销铁军+1个关键+1个方法

把“人”“货”“场”吃透以后，在公司里怎么才能真正落地呢？以下几点很重要：

第一，必须要实现产品、服务在线化

比如盒马把蔬菜、肉品、海鲜都实现了在线化。因为只有在线化，客户才可以随时随地下单，员工也可以随时随地销售，就不仅仅局限于上班时间了。

第二，必须要打造两支O2O的营销铁军

打通线上线下，从根本上提高坪效。而且要打造两支铁军，一支是员工团队，一支是用户团队。

不但要让员工做销售，也要让用户变成代言人。这样即使店里只有

3个人，但是营销人员可能就有30个，而且没有成本，企业的坪效自然就起来了。之后再把五步营销法（抓潜、渗透、成交、服务、追销）【见本书B编】，落实到两支O2O的营销铁军中，同时实现产品在线化，那么这个公司的营业额必定会暴涨！

A7 渠道在失灵：未来10年的黄金风口，S2B2C！整合上游，并购同行，赋能下游

1. C端在转移，B端在垮台，传统渠道已经失灵

传统企业五大“生死劫”第三个，渠道在失灵。

现在流行新渠道，也就是还有很多传统的渠道，老渠道都失灵了，因为现在C端在转移，B端在垮台。

第一种是C端转移。什么是C端转移？就是以前来这儿买货的人现在不来了，用户被很多互联网或者对手的创新，做了流量转移或者流量拦截，所以如果还在等客上门，那肯定是“死路一条”，一定不能再等客上门了，要主动引流，要主动截流，要拦截互联网的流量。

第二种就是B端垮台。B端垮台更多针对的是中间商，中间商一定会变成互联网的炮灰，什么是中间商？上下游的搬运工，因为互联网研究的逻辑是去中间商，叫“F2C”，也就是厂家或者品牌端直达终端，它要把中间商去掉，那中间商的出路在哪里？就是转型成行业赋能商。

新渠道怎么做？连接同行，赋能下游，整合上游。母婴的经销商就是连接了他的同行，赋能下游各种门店，当门店连接能力越来越强，就可以整合上游。

未来大老板要站在上面，也就是平台端，要看底下，把员工变成加盟商、把店长变成加盟商，不管是自己的店，还是连接底下的各种店，都来这个平台里创业，平台给他们做赋能。

2. 服装行业案例：最赚钱的公司，盈利模式都相通，从卖产品到卖模式

既然那些著名公司背后的商业逻辑都是相通的，下面通过一个案例，把这个商业逻辑直接打透。

海澜之家是一个传统的服装零售商，比它做得更大的企业在这个行业里面也有很多。比如之前的某服装品牌，曾经在线下也拥有几千个门店。

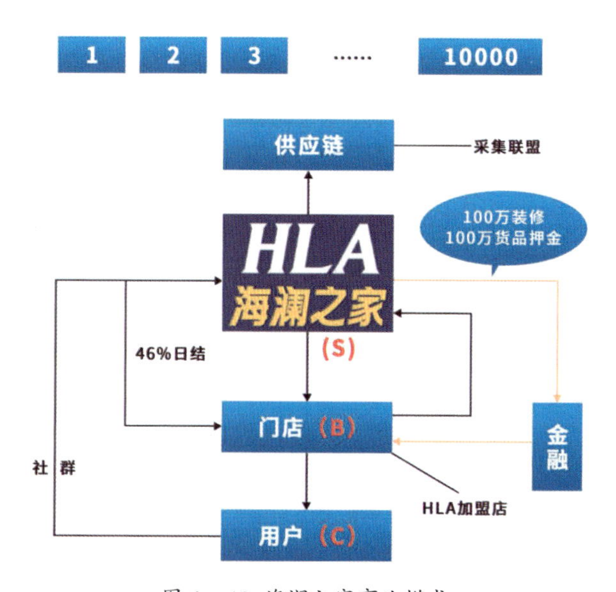

图 A—18 海澜之家商业模式

但在 2016 年至 2017 年，这家服装品牌每一年关店的数量超过

1000 多家，而海澜之家每一年的开店数量却在暴增。到了 2018 年，海澜之家的门店数量已经突破了 6000 多家。同样都是卖衣服，为什么有的企业年年关店，而有的企业年年开店?

所以根本没有不好的行业，也没有不好的产业，只有不好的思维，只有好的认识，才能打通商业思维和背后的逻辑。

它为什么会大量地关店？重要的原因就是它采用了传统的加盟模式：线上打广告，线下收代理。但这些代理商跟总部只有产品的分销关系，因此一旦这个品牌出现了颓势，或者是产品不再好卖了，那么这些渠道商就会选择关闭或者是“叛变”，所以一年就会关掉 1000 多家门店。

但是海澜之家它是怎么做的呢?

海澜之家发展线下门店，门店底下则是用户，也就是 C 端。所以海澜之家把自己做成了一个产业平台，把它叫作 S 端，即产业。门店就是 B 端，就是企业了，企业连接的是 C 端用户，它是 S2B2C 的模式。

如果要加盟海澜之家，那么他们会告诉你，你加盟的整个门店都由海澜之家作为品牌方来负责经营。那么你加盟一个门店，员工招聘、店长培训、铺货、库存，以及所有店里的工作和经营，都由海澜之家来帮你管理，这样你就很省心了。

而某服装品牌只提供货源，其他的事你自己干。而海澜之家则是店内的一切工作由他们全权负责，只有店外的工作由作为加盟方的你来负责。这叫作直管式加盟，这是海澜之家和传统服装品牌公司之间最大的区别。

其他公司是纯粹的加盟，而海澜之家则是直管式加盟，这个背后就需要品牌方具有强大的经营能力和运营团队。所以像这样的公司，其实是属于人员重资产管理，它们的渠道资产全部都外包给社会人士了。

如果你要加盟一个门店，要投入100万元的装修费，还要给海澜之家100万元的货品押金。这个货品押金是签5年合同，如果不干了，货品押金可以退掉，但是100万元的装修费都已经花掉了，所以相当于加盟一个店花了100万元。

加盟了海澜之家之后，你能获得什么好处呢？

店面每天的结算、支付系统是由海澜之家总部的系统来进行运营的。数据是21世纪的“石油”，因此一定要把数据导入到一个运营模式系统里。虽然都是加盟店，但是加盟店的数据、财务、订单流量，全部都进了总部海澜之家的系统。

海澜之家总部每天给门店结算46%的盈利分成，这是海澜之家能够给到的门店利益。同时海澜之家给门店做社群，也就是做用户的经营。

因为腾讯给海澜之家投了100亿的产业投资基金，所以海澜之家是借鉴了腾讯最强的管理模式去经营用户，让这些用户跟门店关系更加紧密。而且未来要变成海澜之家的生活馆，让这些用户拥有更丰富的产品选择，成为终身消费者。

再来看整个过程，如果你加盟一个门店，但是没有现金，只有房子，海澜之家还有个金融公司可以赋能。所以即使你没钱，只要你有资产，它也可以帮你来解决这个问题。因此海澜之家一年就可以开一千多家店，它的扩张速度源自于它强大的品牌赋能。

因此，在今天，不是行业出了问题，也不是产品不好，而是企业不会做渠道，因为没有品牌，也没有金融赋能和管理运营赋能，连自己的团队都搞不好，还能帮助别人吗？而海澜之家为了提高竞争力，打通了它的产业链，就是上游供应链。

海澜之家虽然每年上1万多款的新衣服，但是它没有自己的设计团队，全部外包给了上游的小服装工厂，它要求每家只做一款产品，就只做一款“爆品”。于是1万多家工厂，就会给它提供1万多款“爆品”。

这其中的逻辑就是将每家工厂的“爆品”放到海澜之家的销售网络里面，有6000家门店帮你销售，因此一款“爆品”轻松打遍全中国。

但是反过来，如果上游厂家的产品卖不动，海澜之家就会退回所有产品。所以这就逼着上游的供应厂家打造“爆品”，把自己逼“疯”，把对手逼“死”。

要把这个产品真正打造成“爆品”，就需要降低成本，那怎么降低成本呢？海澜之家又做了一个供应链采购联盟的赋能，它把这1万多家工厂联合在一起集中去采购材料，以此降低采购成本。

而这个采购成本反过来又赋能给终端的门店，将有更高性价比的衣服销售给终端消费者， 这就是整个海澜之家的产业赋能模式。这家公司把门店资产甚至最初的库存全部都甩给了上游，而它自己只是一个轻资产平台。

当然，这个轻资产平台对上下游的赋能能力是相当强，这才是互联式老板和总裁应该追求的企业境界和企业层次，也就是要打造公司的软实力，而不是那些重资产。

3. 中介行业案例：从0裂变到1万家门店，拥有19万经纪人，打通渠道做无极裂变

那怎么建立新渠道？最好的方法就是互联式的团队加系统，前面加的几个字叫“互联式”，关键是连接，要连接更多的创业团队，用系统给他们赋能，这个最值钱。

有两个做房产经纪的，一个叫链家，一个叫德佑，这两个品牌的大东家是同一个人，就是左晖。他创造了贝壳、链家、德佑这个体系，为

这个行业确实做了非常大的改造和贡献。

德佑和链家的区别有多大？链家是做直营，包括后来做并购，用了 20 年在全国做到 1 万家店、13 万经纪人，所以叫“二十年磨一剑”。

后来又做了德佑这个品牌，德佑通过连接、加盟、招商、渠道等经营模式，发展到 1 万家店、19 万经纪人，只用了 523 天，不到两年的时间就干了以前 20 年干的事，而且是纯轻资产，原因很简单，就是因为他用的是互联式的团队加系统，这就是德佑的模式。

德佑门店裂变的模式，对传统企业做扩张特别有参考意义。

德佑开店公司投 100%，店长做门店的管理和经营，如果达到标准，店长合格，那么拿 30% 的利润分红，这就是奖金，如果培养出来新店长，就裂变出去开店。

那老店长的动力是什么？如果开新店，公司投 70%，老店长投 30%，老店长就变成股东了，这个时候就开启了“躺赚”的投资人模式，这个是每个打工者最终想实现的梦想。

新店的店长在新店里面还是拿 30% 的利润分红，所以这个新店的店长也想拿到投资人的股份，那就要再培养一个新店的店长，这个培养的人出去开店，原来的店长也可以跟公司去投 30%，这个时候在自己管理的店里拿 30% 的利润分红，在培养的徒弟店里拿 30% 的投资分红。

当不断培养徒弟，下级的店已经达到 5 个的时候，那这个店长就可以升为区域经理，跟下级的 5 个徒弟一块抱团做生意，抱团赚钱，总部对所有的店提供平台的赋能，比如说管理系统、人才招聘培训、房源等等，这都是总部可以提供的，那店长创业就没有那么难了。

当变成区域经理时，这个店长下级可能就有 5 个店甚至 10 个店，每个店都有自己的投资股权，跟自己创业当老板是一样的概念。

因此，在互联时代，千万不要单打独斗，而要抱团取暖。现在政策越来越规范，无论是财务、税务还是法务、营商环境，等等，机会红利越来越小，所以单打独斗，自己拎个包，搞一个皮包公司出去，用很低的成本创业，成功非常难。

但是在这样一个大的平台里，如果老板缔造了这样一个生态，让大家都在这个平台里创业、在这个平台里当老板，其实创业的成功率高得多。

4. 企业家思维：用社会的人、社会的钱、社会的资源，为社会做点事，顺便赚钱

以前自己开门店，老板整天想的就是怎么把竞争对手打败。导致同行相争，同行相欺，这是以前的竞争思维。但是现在把竞争思维直接升华成赋能思维，当别人还在想办法打败同行的时候，要想怎么赋能同行，整个产业格局就会别具一格。

比如在母婴行业，可以做一个母婴赋能平台；在手机行业可以做一个手机赋能平台；甚至包括农资行业，也可以做一个赋能平台。

渠道，它不再是单纯的一种招商策略，而是整个企业未来商业模式的格局发生了变化，包括老板挣钱的思维也发生了变化。

因此，企业家跟小商人最本质的区别，就是企业家是连接思维，而小商人是单打独斗的思维。企业家是用社会的人、社会的钱、社会的资源，然后为社会办点事儿，顺便自己在中间赚点钱。所以企业家是利他的思维，而小商人是利己的思维。

A8 人才留不住：设计裂变式创业模式，带团队打胜仗、分战利品

传统企业第四个生死劫，人才留不住

人才为什么留不住？第一，心受委屈了；第二，钱没到位，其实关键原因只有这一个，如果钱给到位了，心受点委屈也是可以接受的。

“委屈是工作的常态”，谁没有委屈？活着就有委屈，所以当员工愿意承受这个委屈的时候，是因为他看到背后更大的价值，就是这么简单。任正非有一句话：如果钱分好了，傻子也能变成天才。而且钱给到位了，管理难度就解决了一大半。所以分钱是解决问题的入口。

那怎么分钱？增长是基础，如果没有增长，哪来的钱分？要用分钱去驱动增长，用增长来化解企业的问题，很多问题不用解决，只需要化解。因此，打不了胜仗、赚不了钱的队伍是没有办法带的。

分钱最好的方法就是每个战士，都在自己的战场上分战利品，不要到别人的战场，就在自己的战场。

下面阐述三个合伙人的模式，让公司通过有效分钱，来裂变团队。

1. 创客合伙人：从雇佣思维到合伙思维，公司变平台，员工成为企业的合伙人

第一个互联式合伙模式：创客合伙人。

在公司里，很多人可能会用人海战术，打造 50 ～ 200 个人的营销铁军，结果大部分员工都没动力，做不出业绩，而老板总是在给员工加

油鼓劲，心力交瘁。

如何把公司做成一个创业平台？

对销售的业务骨干，以往都采用低底薪。低底薪的问题是什么呢？比如用 1800 元招人，可能招来的人层次较弱，培养的成本就高了。现在用 3000 元的底薪招人，人才层次完全不同。招进来之后对员工进行孵化、培养、训练，并且给员工 5% 的提成。

以前招聘，刚进来的时候员工就跟公司谈工资，而现在是公司对员工提要求，每个月的收入必须要达标，假设从第二个月开始考核，收入必须达到 1 万元，如果达不到就开除。所以不再是员工主动要工资，而是让员工达到他们的收入要求。

三个月过后有两种选择。

A 选择：延续以往的机制。3000 元加一个月 5% 的提成。

B 选择：如果觉得这种机制还不够刺激，可以成为创客。其一，员工要交 5000 元，公司提供 1 万元的产品，相当于先向公司购买了 5000 元的产品，卖掉之后就能多赚 5000 元；其二，后端的提成乘 3 倍。比如说以前在公司是 5% 的提成，现在可以拿到 15% 的提成，但是工资是 0 元，因为现在是创客了，工资就不需要再由公司承担了。

那些实力干将，又喜欢自由闯荡的人，可能就会选择 B 选项。让所谓的雄鹰员工，可以留在企业的天空里翱翔，最后给一个员工自由选择的机制，这就是创客。

创客模式既可以对用户来做，又可以对员工来做。最终就是企业将创客凝聚一起干事业，而不是单纯地领死工资的人。最后他自己有收益，平台也有收益，这是第一种模式，叫作创客合伙人模式。

1.1 饺子店案例：做爆 10 万微股东的合伙模式，引爆员工积极性

有一个卖饺子的企业，它主打的“爆品”是虾仁水饺，在全国有 700 个直营店，是怎么开起来的呢？

如果都是老板掏钱去开店，研究怎么管理、怎么绩效考核，那这个老板得累死。不是因为企业的管理水平不高，而是到了一定的规模之后，就跳不过去了。

像华为员工突破 20 万人，即使受到美国的打压还能生生不息，是因为华为它不是一个公司，而是一个合伙模式，10 万员工都是它的股东，大家的钱都在公司里。因此老板要看得远一点，不要只想解决“斜面”上的问题，要看看远方。

这家饺子店也是一样，用“35820”的合伙模式做了 700 个店。

“35820”是代号，“3”就是 3%，优秀的店长都能拿到店里 3% 的利润分红，这个分红就是干股，不用出资的，员工做得好就分，但是如果想拿到更多就要培养人。

不能老等着老板去培养人，店长要培养店长，如果培养了一个店长出去开一个新店，这个时候该店长就升为了小区经理，就可以在新店里跟投 5%。这个店长一边干着老店，一边在新店里投资 5%，这个时候就有投资收益了。

如果这个店长培养了 5 个新店的店长，开了 5 个新店，那就升成片区经理，成了片区经理之后，后面开的每个店都可以跟投 8%，投资的额度会越来越大，所以最后这个员工可能在这个店里干了三五年，底下已经有 5 个店、8 个店，甚至 10 个店了，每个店都可赚钱。

这家饺子店因为产品做得不错，营销做得不错，店里管理也很科学，

所以就连一个擀饺子皮的工人一年工资都能到 30 万，这样谁不愿意干呢？谁打工能打成这样呢？

如果这个员工干得特别好，被请为大区经理了，那么他就拥有独立选址的能力，每个选址的店能投 20%，投了 20% 后公司也愿意一块投，这就是“35820”。这个员工干了 10 年，可能在这个公司就有几十个店都有投资的股份。

所以老板要想通，主动建立一个生态，让大家来这个平台创业，员工要想通，加入一个生态，跟着一个平台去创业，最后大家都成功。

后勤的管理人员，总部的高管、后勤的财务总监、采购总监不在店里，但是也可以请他们一块投资，开店的时候每个店拿出来 2 个点到 5 个点，给后台的管理人员一块投店，给每个店提供更好的服务。

它不是在总部给每个人分股份，而是在每个店里，把那些最优秀的力量，全部聚合到店里当股东，大家拿钱。所以要想人才留住，就要设计一种创业模式——裂变式创业模式，带着团队去打胜仗、分战利品，这种公司就会生生不息。

2. 代言合伙人：社交电商的新渠道思维，把消费者都变成消费商

第二个互联式合伙模式：代言合伙人模式

互联式营销就是要拉一个用户过来，要让他买 1000 次，接着让他再去拉 1000 个用户过来， 每个人再买 1000 次，依次无穷地裂变，这是互联式营销的本质。

想要做互联式营销，就需要把渠道的思想重新定位。以前很多企业都在讲独家代理，而现在讲人人是代理，客户即渠道。每个人都可以是

公司的代理，每个客户都可以是公司的分销渠道。

现在是大众创业、万众创新的时代。大众创业、万众创新不是每个人都要去开一家公司，而是有很多的产业平台出来以后，每个人都可以在这个产业平台里做社交电商。把每一个人都变成公司的代言人、分销商和渠道。

比如，只要推荐一个新人用户，滴滴就会给用户发放一张 20 元的打车券；只要推荐三个付费用户，星巴克就免费送一杯咖啡。这些就是代言人的机制，很多大企业都在用社交电商的方式，来扩张业务。

2.1 社交电商模式的三大基石：在线化 + 返利机制 + 粉丝社群

企业做用户代言合伙人，要注意三条：

第一条　业务在线化

因为只有业务实现了在线化，才可以像滴滴、美团，包括像微观学社的线上平台一样，轻松自由地实现在线分享。

在微观学社的平台上，用户只要把老师讲的课程链接转发出去，任何人点了这个链接，就直接发生了关联。如果对方买了课程，用户直接可以拿到返利，而且可以提现，这就叫作业务在线化。如果没有业务在线化，员工就不会有动力去做业务，因为缺少安全感。

第二条　返利机制

企业对招聘进来的员工进行培训，并发工资，把返利机制做好以后，结果没干多久，员工就离职了。这样付出了很高的成本，最后未必能给企业做出业绩。

但是今天用互联式营销的代言合伙人模式，比如微观学社在市场上有几万个代言人，他们都在做分销和转介绍。而且不用发工资，只需要做个信息化在线化的返利机制。例如，微观学社的“线上产品”，在线分销出去之后，这些代言人的账户里就有几百块钱随时可以提现的返利奖金。

第三条　粉丝社群

用户为什么不愿意去做分销？为什么不在线上线下传播？是因为这些用户还没有变成粉丝，如果一个企业有 1000 个铁杆粉丝，那么这个企业将无所不能。

所以，一个企业做业务在线化以及返利机制的代言合伙人模式之前，必须要经营粉丝。但是经营粉丝又是一套很庞大的体系，必须要找到这个方向。

业务在线化、返利机制、粉丝社群，这三大王牌是做社交电商的三个杀手锏。下面通过一个案例，深度剖析一下社交电商背后的分销体系。

2.2 电商案例：4 年狂赚 200 亿，裂变会员 5000 万

有一家电商公司，利用代言合伙人的模式，4 年狂赚 200 亿，裂变会员 5000 万。它最开始做 398 元的会员，只要用户买了 398 元的会员，就可以开一家微店，并赠送一个价值 398 元的大礼包。所以，就相当于用户买了一个 398 元的产品，成为了店主会员，并且以后在这个平台上购物，就会有 5% ～ 40% 的返利。

当用户成为 398 元的会员之后，还可以得到 80 枚云币。云币相当于现金，只能在平台上使用，不能提现，这就促使用户持续不断地重复消费。

接着用户还可以把店分享出去做社交，让更多的用户在这个平台上买东西，买了东西以后，就可以获得 15% 的佣金。所以叫自己购物省钱，分享购物赚钱，这就是店主模式。

正是这个模式，让它在 2016 年做到了 4760 万个会员，所以这家

公司是一个靠会员费盈利的公司，而且它的产品全是低毛利的，这是第一步。

第二步，如果这个用户拉到了 100 个会员，就升级成主管，升级为主管之后，会有更大的奖励。这个很重要，给用户设置一个条件，像员工一样可以晋升。

在店主阶段是没有分销提成的，但是成为主管后，每拉一个会员获得 150 元的奖励。因为这个诱惑足够大，所以大家就会拼命地发展会员。

第三步，达到 1000 个 398 元的会员之后，就可以升级成为经理。经理拉一个会员，首先会奖励 150 元，其次，如果下级的人拉了一个会员，主管会分走 150 元，经理会分走 80 元，所以它是二级分销。

一个经理底下可能会有 50 个主管、2000 个店主。所以就构成了一个庞大的分销网络，而这些网络里的构成人员，对于品牌商来讲是不用发工资的。这就是代言合伙人模式，叫作人人是代理，客户即渠道。

对经理而言，最重要是 5% ～ 40% 的返利，经理的云币机制肯定也不会变，经理的佣金机制是 5%，经理底下可能一个人就管理着 2000 家店，最终能拿到 2000 家店 5% 的利润。所以这个经理，很容易成为一个年薪百万甚至千万的创业者。

创业不是每个人去开一家公司，而是建立一个平台，用社会的人、社会的资源、社会的钱为社会办点事儿。这个就是企业家的思维，才能构建出来整个产业平台的模式。

最后一步是粉丝社群，经理负责做主管的社群，主管负责做店主的社群，店主负责做 C 端用户的社群，就构建了一个庞大的社群粉丝网络。这些人可以在微信里做社群，在线下做粉丝见面会、举办粉丝活动、开设创业论坛，这样就把这个模式给打通了。

有很多人觉得自己企业的产品毛利太低，不可能像他们一样，有那么多的毛利可以拿出来做分销和返利，其实毛利越低越容易做分销系统。为什么这个家电商公司前端要做398元的会员呢？它不是直接赚毛利，而是有三个条件的。

第一个条件是在会员费里做分销；第二个条件是在产品本身的毛利里做分销；第三个条件是在每一个人的微店的佣金，也就是利润里做分销。

所以把这个逻辑掌握，任何行业的公司都可以用这个方法。全世界伟大的公司，背后的逻辑都是相通的，只要把一个案例吃透，每个行业都能打通。

2.3 社交电商思维：京东、格力、小米为什么都在做

之前京东饱受诟病，取消了快递员的工资，其实就是把快递员的工资变成0底薪，提高他们的佣金，把快递员变成创客，多劳多得，于是就把京东快递变成了物流平台。

董明珠，她创办了格力的线上电商，她要求所有的员工都在线上开微店，她说她的微店自从开起来之后，已经卖了4000多万的营业额，上面全是格力的各种小家电，让每个员工上班拿工资，下班就在上面创业，为员工带来更多的收入，为社会带来更好的产品，这就是社交电商。

用社交电商的思维，就是能最好的落实互联式营销的路径。传统企业跟那些线上企业最大的区别，是拥有很多的线下门店。

如果用产业平台的方式去赋能别人，那企业能连接的终端门店就特别多，每个门店都可以变成云仓。所谓的云仓就是它离用户很近，又是一家线下店，但是大家都在线上做推广，线上体验，线下提货。

所以说传统企业，那些线下门店的资源反而更具有竞争力，要不然为什么盒马鲜生开线下店？京东开“京东之家”？小米开“小米之家”？

线下门店的资源传统企业已经有了，关键是要把它互联网化，落实互联式营销，这点特别重要。

3. 事业合伙人：如何在投资开店之前，就把投资成本先收回

3.1 微股东模式：粉丝经济新境界，事业扩张速度增加 100 倍

第三个互联式合伙模式：事业合伙人模式。

这种模式杀伤力就更强。所谓的事业合伙人，它是在代言合伙人模式和创客合伙人模式的基础上，继续往上升级。

比如，开火锅店怎么增加收入？最简单的方式就是从卖产品到卖会员。充 1000 元的消费卡，送 1000 瓶啤酒。那么这个店因为这个方式，它的流量包括流水，就会大幅度的增加，那么这些人就变成了会员，也就是第一级代言人。

接下来，他们可以帮忙转介绍，可以跟朋友说到那家店吃火锅，报我的名字喝酒免费，他转介绍几个客户过来，那这些客户又可能会办 1000 元的会员卡，之后可以就给上一级返现 100 元奖励或者是送给他 300 元的代金券。

虽然用户可能不是为了利益才转介绍，但是一定要做返利奖励。如果选择了 300 元代金券，用户既可以自己用，也可以送给别人，这又是在继续引流，所以这就叫代言合伙人。

那么事业合伙人怎么做的呢？

火锅店的生意流水这么好，客流这么大，如果还想再开个新店，就可以把这些代言合伙人，聚集过来举办活动，在活动上发布新店股东方案。

新店计划投资 100 万元，要招 100 个微股东，每个人 1 万元，那

就是 100 万元了。所以在还没开店之前，投入的成本就已经收回了，这样扩张速度和效率就很高，而且很安全。

在开店以前，就把开店的投资收回来，这才是高手。而不是傻愣愣地把兜里的钱拿去投资，投资完了好不容易收点现金，又拿去投资。所以老板永远都没有资金沉淀，一旦生意不好整个公司都会瘫痪，这就是重资产运营，是极度危险的 。

那凭什么人家给你 1 万元呢？

因为他们已经是店里的代言合伙人了，相信火锅店的服务、品质、口碑以及流水，所以大家会有信赖感。

如果成为微股东，交 1 万元会有很多好处：

首先，身份感认同，相当于这些人开了个新店，成为一个餐饮店的老板。

其次，前三年经营利润的 50%，分给这 100 个微股东。如果觉得不够，可以拿出来 70% 分给这 100 个微股东，也是值得的。

整体上这个投资，就是用社会的钱，所以创造的价值也要贡献给社会。

第一，给这些微股东分红权。可以算一笔账，如果这个店一年能挣 100 万元，那么前三年就挣了 300 万元，300 万元的 50% 就是 150 万元，150 万元分给 100 个人就是 1.5 万元。

第二，还要给这些微股东 1 万元的充值卡，所以这根本就不是资本投资，只是一种消费投资，这个分红权是额外奖励的。

第三，再送 100 张 100 元的代金券，这 1 万元的代金券当然是限额的，也就是每一次消费只能用一张券，超出的部分就要用现金，因为他是股东，所以他很可能就把这 100 张代金券转送给亲朋好友，这是在变相地给店里引流 。

所以只要有很多的会员客户，有信赖基础，这 100 万很快就到账，新店很容易就开起来了。又因为店里有 100 个股东，那这个餐饮店绝对火了。

在新的店里，继续又充值 1000 元的会员卡，到了一定的时候，又在新店里发起微股东，再开一个新店。这个生意就循环往复，可以快速裂变。

而对这个火锅店老板而言，它没有投钱，用的是社会的资源，社会的人，社会的钱，为社会办点事，顺便自己挣点钱。关键是品牌、流水、用户、资产全部都掌握在这个平台上，所以这个平台它最终就很值钱，这就是事业合伙人模式的威力。

3.2 医学整形医院，如何用事业合伙人模式，3 年做到年产值 4 亿

除了餐饮行业可以用事业合伙人模式，其他各行各业都可以，比如医美行业。有一家医学整形医院（下面简称 H 公司），这个企业用了三四年时间，年产值就突破了 4 个亿，增长速度非常快。

一般的医美平台，都是一年几千万的广告费往里面砸。但是 H 公司一分钱广告费用没有花，却一年干 4 个亿，原因就是它把互联式营销做到了极致。

H 公司对接的是美容院，这个老板以前是给美容院供给美容产品的，他手上有大量的美容院渠道资源，后来转型做医学整容，这些美容院就跟他成为了事业合作伙伴。一共有 3000 多个美容院，H 公司的老板就把他们约过来赋能。

针对美容院的生意不好打理，营销问题解决不了，利润出不来，团队管不好等问题，给大家制定一个创富模式。

创富模式就是：美容院给 H 公司交 12800 元的费用，就可以推荐他们的美容客户到 H 公司做整形，整形医院的一个订单大概在 3 ～ 100 万元，根据销售额给美容院返利 40%（此数据为假定的数字比例），这就是高额的净利润，比美容院本身盈利能力要强得多。

返利机制虽然好，但美容院更关心的是，他的客户怎么才能被说服到整形公司去呢？

当你交了 12800 元，H 公司就会为美容院，配置一台电脑、一个摄像头。美容技师给客户做完美容服务，只要把顾客带到这个摄像头前，H 公司专业的医美老师，就会在线给用户进行解释说明，本质就是在线进行一对一的销售。

这个功能做的极度强大，包括他们的销售话术都是精心设计的。他可以通过在线的直播，给这个客户推一款 3980 元的医美“爆品”。所以一切生意即流量，一切流量即“爆品”。

这个 3980 元的产品，是入门的产品，比如做双眼皮；还负责报销往返的机票加机场接送。

因为涉及隐私，很多做整形的人都不在本地做。之后可能还给你送一大堆家用电器。最后总价值可能是 2 万元，但是客户只需花费 3980 元，这个就是“爆品”。

通过整形医院专业老师的讲解和销售话术，最后就让美容的客户在镜头前面打款确认。通过一连串的在线流程，将客户从全国引流到了这个 H 公司。

下面就进入服务和追销的环节。H 公司跟客户预约时间，亲自将客户接到医院以后就开始做体验、做服务。方方面面的体验和服务都非常周到，客户的信赖感就特别高。关键是整形完了以后，就给客户推 3 ～ 5 万元的后端深度医美的消费卡，成交率特别高，之后就给美容院返利。

所以，很多公司做不成合伙人模式或者分销模式，就是因为只在卖产品，但是真正的新渠道不是卖产品，而是卖赚钱系统或者创富模式。把整个的创富模式，都输出给合作伙伴，最后合作伙伴就能很容易实现跨界盈利。

这就是典型的事业合伙人模式。不用给这些人发工资，反过来他们还要交 12800 元的加盟费。就这样一个站点接一个站点地做，这就是非常好的模式。

过去是找美容院，来做事业合伙人；未来可以在各个城市，寻找城市合伙人，变成股东合伙人，再用这套系统进行赋能。

假设一座城市需要投资 1000 万元，开 10 家医院，可能一分钱都不用投资，并且还能收到品牌加盟费。一家医院一年的产值 4 个亿，10 个就是 40 个亿 ，估值就已经超过 120 个亿了（估值一般是当年营业额的 2 到 3 倍）。

针对城市合伙人，还可以设计一个股东合伙人的机制，如果这家医院做到一定程度，就可以在母平台的上市公司，给予一定量的原始股，大家一起去打造上市平台。

那发展到最终上市，还能获得一笔融资，就是投资合伙人的钱，所以这就是一个百亿市值的平台，虽然现在只有 10 个亿的估值，但用 10 个亿的市值来融资，出让 10% 的股权，融资 1 个亿，那 10 个人每个人投 1000 万，就叫投资合伙人。

从事业合伙人到股东合伙人，再到投资合伙人，一层一层地往上进阶，到了这里就是顶级的合伙人模式，这才是真正的产业互联网模式。

A9 重资产运营：真正的出击是转被动为主动，先自杀，再重生

1. 摆脱破产思维：从重资产思维转到赋能思维，企业才有出路

传统企业五大生死劫的最后一个，重资产运营。

这个重资产跟很多老板的“农民情结”有关。“农民情结”有个特点，农民有钱了，一般就是想买地、盖房、搞资产。

所以，到了今天还有很多年龄比较大的老板，依然觉得这个企业要是没点地，没点资产，心里感觉不踏实，这就是“农民情结”。

而这种思维就会导致企业赚到的现金流被固化，于是这家公司的资产就变得越来越重，竞争力也会越来越小。因为传统的资产叫“土资产”，例如，房子、土地、门店、库存。但是今天这些东西，没有一个是对企业的竞争力有推动的。

现代的资产叫云资产，包括系统、文化、团队、数据、软件等。反观传统企业，这些云资产都没有！传统企业过去做了大量的生意，也产生了很多的订单，但是没有一个订单是有数据留存的，本质上是没有把它互联网化。

数据是 21 世纪的石油，每一个订单的交易在线都有记录，通过这些大数据推动企业和行业的发展。但很多企业做了 20 多年生意，却可能一个在线数据都没有，这跟资产情结有着密不可分的联系。

举一个更加直观的例子来说明：

有个老板创业，银行卡里有 100 万元，计划开一家饭店，所以投

了 100 万元开店。第一年挣了 50 万元，到第二年又挣了 50 万元，第二年结束后他的银行卡里面有了 100 万元，好像回本了，但是回本之后又怎么样呢？

这两年辛辛苦苦地经营饭店，最后还是回到 100 万元 ，但是两年的货币贬值，每一年大概在 10% 左右，所以不但没有挣钱，还赔了 20 万。很多人觉得没有啊，还有一个饭店啊，其实这个店，就是最大的负债了。

因为再过两三年之后，这个店的装修旧了，菜品旧了，而这条街上跟他一样的竞争对手，开的都是新店，而且还比他的店面大，菜品更加丰富，服务也更加周到。以前他自己一个人在这条街上开店，流量是 100%，现在街上已经有 4 个竞争对手了，流量被抢走了 75%。

关键是人家的店面档次更高级，所以这个时候传统老板就想着把流量抢回来、扩大店面、升级装修、丰富菜品。

于是，他又追加投资了 300 万元，开了一个更大更新的店。结果到了第 4 年，他不但赔光了银行里面 200 万元，还欠债 200 万元。就这样恶性循环，再过 3 年，他的“新店”又旧了，又没有办法跟别人竞争了，这就是传统老板的重资产运营的生死劫。

很多企业一心想把企业搞大，想把资产搞大，最后却把自己的脑袋搞大。企业的现金流不是要投入到重资产里，才能把这个企业撑大。而是投入到软实力上，软实力就是团队、文化、软件、系统、数据等。

企业做成这样一个平台，对上下游进行赋能，因为同行很多，最后就把它做成了一个软实力，对同行赋能，那大家的店都是你的店。

就像麦当劳，全球 5 万个店，绝大部分都不是直营店，这叫用社会的钱、社会的人和社会的资源去做这个产业，自己顺便赚点钱，这就是赋能思维。

所以从重资产思维转到赋能思维，这家企业才会有出路。要不然企业干得再大，手上永远都没有钱，一旦经济滑坡，就会一夜回到“解放前”。

在今天的互联网环境下，如果还用10年前的传统思维去做企业，那就会遇到五大生死劫：产品不好卖、利润薄如刀、渠道在失灵、人才留不住、重资产运营。这五大生死劫就会让企业的路越来越难走，最后走上绝路。

因此，一定要用互联式的盈利思维，逃离这五大生死劫。

但是真正的关键，是一个百亿级的企业背后，一定是一个百亿级的老板，百亿级的思维空间。老板的思维空间里面装了一个亿，企业就能干一个亿，思维空间里面装了100亿就能干100亿。

2. 老板的岗位职责是融资，企业缺钱是老板失职

如果一个老板一天到晚都在研究，怎么再新开一个店，可能一年也就开了两三家店，因为老板的脑子里面只装了一个“店”，所以格局决定结局。

但是有的老板，他时刻在想：我怎么拿下一个城市？他可能一年就能拿下3个城市，而这3个城市里，每个城市可能做了30家店，他一年就开了90家店。所以一个是门店的合伙人，一个是城市的合伙人。这两个老板同样努力了一年，但是成果大概差距30倍到50倍。

因为一个老板心里装的是门店，另外一个老板心里装的是城市，当然更大的老板心里装的是国家。天天在研究怎么进攻“一带一路”上的那些国家，拿下一个国家就可以拿下更多的城市。

所以老板的认知空间决定企业的成就，企业的成就只能在认知空间

内震荡。老板一定要打破认知，才能实现企业的变革。

当然，做老板有个很重要的职责，就是融资。一个企业死亡没有别的原因，只有一个就是资金链断裂。小黄车为什么会申请破产，就是因为企业资金链断裂了，它再也融不到更多的钱了。所以老板的第一任务，是解决企业的资金问题，也就是融资。

3. 老板抓住三大现金流市场：消费市场、创业市场、资本市场

老板要抓住的第一大现金流市场：消费市场。

第一个市场是消费市场。消费市场就是卖会员，而不是卖产品。因为只有让用户成为会员，才能跟用户持续地发生关系。很多企业以前也有很多会员，但是没经营社群、粉丝，会员只是基础。

老板要抓住的第二大现金流市场：创业市场。

第二个市场是创业市场。创业市场是卖经营模式。就像麦当劳根本就不是卖快餐的，而是卖经营模式的，整店输出一个模式卖几百万元。

一个模式就可以卖几百万元，这个企业怎么可能会缺钱呢？

老板要抓住的第三大现金流市场：资本市场。

第三个市场是金融市场或者叫资本市场，资本市场就是卖股权。企业不管估值 1 个亿还是估值 10 个亿，都应该早一点把股权卖出去。别说不缺钱，不缺钱基本上都是因为缺梦想， 等企业真的缺钱了，再想融资就不可能了，所以做到“晴天修屋顶”，股权越早卖出去，对这个公司的增值越好，团队越有信心。

图 A—19 老板的三大市场

因此，老板要懂得自己的职责，只要从消费市场卖会员融资，从创业市场卖模式融资，从资本市场卖股权融资，这个企业就永远都不会缺钱。不缺钱就不缺势能，不缺势能就不缺业绩， 所以老板一定不是在公司里做事情，而是造势。这个势能就是用公司的融资能力，把它撑起来的，同时还找到了消费市场、创业市场和资本市场。

最重要的是这三个市场，一定要在资源里落地。**再好的思维如果没有资源的孵化，都是一个死思维；再好的模式，如果没有资源的加持，都是个烂模式。**

为什么在有些国家没有滴滴打车，而中国有滴滴？重要的原因是中国有好的基础设施，有全球里程最长的公路，有全球私家车最大的拥有量，有全球最便利的支付系统，有全球最多的乘客，等等。

正是因为这些庞大的资源，在中国才能孵化出滴滴这种企业。所以说再好的思维，再好的模式，也要找到好的资源，才能把思维和模式，变成商业帝国。

B 部分　方法编

B1 传统营销之路举步维艰，业绩疲软是因为营销老套

1. 业绩治百病，变现是王道！

今天的企业都遇到了什么问题？如：产品不好卖、利润薄如刀、渠道失灵、人才留不住、重资产运营困难等。每个企业都会存在非常多的问题，但是解决问题的根本点，就是一句话：业绩治百病。

一个企业有了业绩就有了势能，有了势能就有了团队。所以，与其说打造团队，不如说“打粮食”，所有的团队都是在“打粮食”的过程中“打”出来的。

大家都知道华为公司有“床垫文化”，他们晚上可以在公司里面睡觉，而且一拼就是二三十年。为什么华为的团队状态依旧非常好呢？因为华为业绩好、企业利润高、员工分红多，所以它解决了根本问题，依然可以保持高速的成长。

同时大家也都知道阿里巴巴团队状态很好，阿里巴巴曾经用 5000 名铁军员工，在一个“双 11”就能卖 1000 多个亿，所以团队好的根本原因是状态好，状态好的根本原因是业绩好。

业绩治百病，变现是王道。

如何打出业绩？如何增长变现？解决问题的核心叫作：不要停下来解决问题，而是保持业绩增长。一个成功的老板或者高管，永远都要抓到这件事情的“命脉”。

2. 传统营销四大“炮灰”

图 B—1 传统营销的四大炮灰

传统营销的四大“炮灰”：电话营销、等客上门、陌生拜访、资源营销。如果企业还在走这四条路，那铁定是绝路，一定要趁早回头。

传统营销四大“炮灰”之电话营销

第一条绝路：电话营销。在和消费者建立信任之前，所有的成交动作都是无用功！

很多企业以前的营销方式就是电话营销，而且干了十多年，那时最重要的有两点：一是名录，二是员工打电话营销的技巧和信念。但是今天做得好的互联网公司，从来不搜名录，也从来不交换名录。

那么，客户从哪来呢？是客户主动找来。让客户主动找来的方法，就需要企业去研究，怎么用互联式的营销把客户吸引过来，而不是主动地去骚扰客户。

也有人会说，有些企业不也是有打电话吗？是的，有打电话是没错的，但是打电话的阶段是不同的。用这次创新营销5步法的内容来说：就是抓潜、渗透、成交、服务、追销。电话营销不是在起始的抓潜环节就使用的，而是在成交的环节才发生作用。先把用户“抓”进来，用内容和体验渗透信任，在最后成交的环节再用电话营销，就妥当了！

但是如果把电话营销做在最前端，那就是一条死路。

传统营销四大“炮灰”之等客上门

第二条绝路：等客上门。这一般针对的是传统线下门店和线下商铺。在过去，做生意就是等客上门，而今天等客上门的流量越来越小，那么流量都去哪了呢？

等客上门的流量，一是被线上的互联网公司给抢走了，二是被那些做营销活动的公司给拦截了。

有一个卖手机的老板，一个店每月大概能卖80～90台手机，自从用了互联式营销后，每周决定做一次活动。活动的内容是：

客户给员工发一个20元的红包，周六客户到店里来选手机、买手机，20元的红包直接冲抵200元到500元。如果到店里来没有看上任何一款手机，那这20元就换成198元的礼物，直接送给客户。反正不会让客户赔本，要么花费20元过来购买一部手机减500元，要么花20元到店里来领取一份价值198元的礼品。

而且这个礼品还是跟中国移动合作的，就通过这一经销活动，店里一天就能卖出180台手机。相比之前一个月只能卖80～90台手机，现在一天的流量是过去一个月的2倍甚至3倍。

当传统企业还在等客上门，别人已经在用互联网工具拦截流量了。所以等客上门也是一条不归路。

传统营销四大“炮灰”之陌生拜访

第三条绝路：陌生拜访。陌生拜访也是以前经常用的，员工跑到客户端去找客户，它最大的问题就是效率太低。

如果在北京、上海、重庆、成都这样的城市，员工去陌生拜访客户，坐地铁公交，一天拜访的客户数量最多就 2 个，而且被拒绝会越来越高，员工也会越来越疲惫。

而互联网就是提高效率、降低成本的环境，通过互联网的方式去跟客户沟通，比如用微信和客户进行交流，一天至少可以接触几十个，甚至上百个客户。

因此陌生拜访铁定也是死路一条。为什么难做？就是因为路走错了，互联网就是“高速公路”，有高速公路不走，非得走乡间小道，当然会比别人慢，而且比别人累。

传统营销四大“炮灰”之资源营销

第四条绝路：资源营销。资源营销就是企业的订单大多来自于大客户、关系介绍或政府。大客户关系和政府的这种订单，虽然订单额很大，但是坏处有以下两点：

一是比较依赖于老板，老板需要用应酬的方式，用“灰色收入”去拿到订单。老板不干了，这个企业就没有挣钱的方式，所以它并不是靠系统挣钱，而是靠老板挣钱。

二是资源营销一般应收账款比较高，因为被大客户“绑架”了。如果企业总是做应收账款或者分期付款，那么合同量就会增加，到最后员工的精力都耗散在那些收款上，就没有人再去认认真真地做服务了。

所以资源关系营销，一定会导致应收账款提高，企业负担越来越重，因此这也是一条绝路、死路和不归路。

以上就是传统营销的四大“炮灰”，如果企业仍旧在这四条路上的任何一条上，都请尽快离开，掉头去做转型。

这是这个时代在诉说的真理，和谁“打架”都可以，但是请不要跟时代“打架”，因为永远没有人斗得过时代。

因此一定要将这四种传统营销方式，转换成新时代的营销方式，也就是互联式营销，互联式营销不等于互联网营销。如果传统企业去听那些互联网企业讲营销方法，是根本无法吸收、消化的，因为“基因”完全不一样。

所以互联式营销是将互联网企业基因，嫁接到传统企业基因，裂变出来的一个新的物种。传统企业过去销售的能力，更多体现在推销上，而互联网更多的是营销。线上做营销引流，线下做推销变现，这就是互联网的优势。

只要企业耐心地去做转型，未来的路绝对可以让营销难度下降 10 倍，营销业绩增长 10 倍。

B2 创新营销 5 步法：销售难度下降 10 倍，销售业绩暴涨 10 倍

1. 总述：创新营销 5 步法

以前可能要用 1000 个人做营销，现在只需要 100 个人，但是营销业绩却增长了 10 倍，这就是互联式营销的魅力。为了便于操作，把它总结为创新营销 5 步法。

第一步是“抓潜”，抓潜在的用户，就像在一个“鱼塘”里钓鱼，首先得有鱼，或者放点小鱼苗，把它们慢慢地养大。这个就是抓潜，所以抓潜研究的是关注率。有的公司现在也在做新媒体，也在做微信推文，做短视频营销，但是做一篇微信推文或者短视频，到底有多少人看，这

个过程就叫作抓潜。有 100 人看，说明有 100 个人关注；有 1000 个人看，就有 1000 个人关注，这个叫作关注率。只有关注率高，它的转化率才有可能高。

抓潜完了就要进行创新营销五步法第二步，也是非常关键的一步，叫作渗透。以前的传统营销就是把客户一抓过来就成交。比如说找到一个电话号码，就直接打电话给用户，告诉用户有什么课，可以花多少钱来听一下，结果一个电话就把这个用户给打“死”了，因为用户还没有和公司建立信任。

所以在没有建立信任之前，一切的成交动作都是无用功。在营销里面最重要的一个词，也是营销的灵魂，叫作信任。因此渗透的核心，就是要建立跟用户之间的信任。

渗透完了之后，就要进行创新营销五步法第三步：成交。因为建立了信任，就必须要成交，这个时候就可以实现用户变现了，而真正的信任就是交钱，交钱才是交心，最大的信任就是用户愿意买单，因为通过商业发生的关系，比情感更持久。

成交完了之后，创新营销 5 步法的第四步就是做服务。不能说收了用户的钱就变成“魔鬼”了，收了钱就要做服务，做服务其实就是做口碑，就是在提升用户的满意度。

就像用户购买了 iPhone 3，又换成 iPhone 4，一直换成现在的 iPhone 14。为什么用户会随着苹果的更新迭代去更换手机，是因为在使用这一款手机的时候，用户对它是满意的，所以这一步就为追销打下了基础。

企业只要认真地服务好老客户，随着老客户的发展，不断地做追销，业绩就会越来越好，用户口碑也会越来越好。所以最终就是追销，追销也叫作重复消费。

苹果的重复消费率很高，淘宝的重复消费率也很高，凡是重复消费率高的公司才有前途。凡是没有重复消费的公司，永远都是新创公司，生意永远都做不起来。

创新营销 5 步法分别为：抓潜、渗透、成交、服务、追销。老板在公司里做管理，一定要关注的就是这五个数据：关注率、留存率、成交率、满意率和重复率。只要把这五件事情做好，那接下来这个公司的业绩不但增长，而且还是有质量地增长。

2. 创新营销 5 步法之第 1 步：抓潜

企业要把客户“抓”过来，就一定要到对的“鱼塘”里去抓，如果有好的“鱼塘”，那么根本不用担心做不出来业绩。

潜在客户太多了，所以一定要在抓潜这一步下功夫，就是要找对“鱼塘”钓大鱼，造这个“鱼塘”有两种方式：

抓潜的第一种方式，叫作“造船出海”。

就是自己造一个“鱼塘”，不能依赖于别人，这样做的好处是流量比较稳定。

最典型的例子就是微信的流量现在大概有十几个亿的用户，京东的大股东并不是刘强东，而是腾讯。虽然京东的生意也很好，但是京东借了微信的流量，使它增加了 20% 的流量。而微信就是自己“造船出海”，所以如果能自己造一个“鱼塘”，那就非常厉害了。

就像微观学社做了一个后台学习平台，这个学习平台里面有百万个 VIP 学员，都在这个“鱼塘”里，用户每天打开后台，学习 30 分钟的课程，就逐渐养成了习惯，之后只要不断地经营这个“鱼塘”就可以了。

那如何自建鱼塘？第一个方法转介绍。

转介绍就是老客户介绍新客户，但是怎么让老客户介绍新客户呢？就需要在公司里面创造一种模式，叫作代言人或者合伙人。

互联网出来以后，其实把渠道去中心化了。比如，以前卖东西是招代理，每个地方招一个代理商，甚至是独家代理。微观学社在全国有很多的合作伙伴，但是绝对没有独家代理，因为独家代理就限定了区域，限定区域之外的地方做不了，别人也进不去，这样就会造成合作边界。

但是互联网是没有边界的，在新疆的合作伙伴，可以做台湾的生意，在台湾的合作伙伴，也可以做日本的生意，这就是互联网的强大。所以传统企业不要再用以前的所谓的独家代理去做生意，那样只会越做越差劲。

所谓的去中心就是人人都是你的代理商，所有的客户都可以变成你的代理商。

前几年地产行业发展得很快，他们就是采用的代言人合伙模式。比如有家房地产开发商，现在有 100 多万个卖房子的人，而且都不用发工资。以前需要雇佣置业顾问，给他们发 3000 元的底薪，卖了房子给 3% 的提成，所以卖不卖得出去，3000 元的底薪都得发。

而现在不是这种模式了，用户购买了一套房子，这家开发商就提出：如果你来做我们的代言人，帮我们把房子卖出去，那就给你 5% 的返佣。自己本来就购买了房子，再介绍身边的朋友也来购买房子，就这样在全国招了 100 多万个这样的代言人，并且不用发工资。这就叫去中心，这就是互联网，这就是转介绍，所以它用的就是代言人的模式。

再比如，微观学社的销售人员至少有几千个，但并不是在公司的这几十个销售员，怎么做的呢？假如用户在微观后台去看任何一节课程，把任何一节课程转发到任何一个平台上，只要有新的客户点击了转发的链接，这个客户就会自动和转发人关联上，就会自动收到关联信息，例如，某某某已经通过你，进入到互联式企业学习了。

如果那个客户有一天在微观后台购买了一个 VIP 课程，这个转发人的账户就会有 100 元奖学金，而且是可以提现的。所以微观学社每个月都有 30% 的 VIP 学员，都是通过这些“无名英雄”在后台做出来的，这就是代言人。

以前很多人看不上微商，但是越看不上的东西，往往就是越缺的东西。如果能把微商那套代言人的机制用到企业，业绩绝对会暴涨，因为他们用的也是这套代言人、合伙人机制。

2.1 让客户成为代言人：货真价实才能有口皆碑

代言人和合伙人怎么做？

第一，做服务、追口碑

别人愿意做企业的代言人，是因为其产品本身是不错的。比如开发商如果造个房子卖给用户，结果天天漏水，那用户就不可能去代言。之所以选择代言，是因为觉得这个小区物业不错，房子不错，户型不错，所以要把企业的服务做好。

第二，搞活动，做关系

以前企业大部分的精力，都在跟政府搞关系，但是未来要跟客户搞关系，尤其是跟粉丝用户搞关系。以前大家都在研究怎么卖产品，但是未来一定要研究怎么跟用户发生关系。今天凡是值钱的公司，只有一个特点，那就是跟用户不停地发生关系。

腾讯为什么现在市值接近 5 万亿？这是因为有十多个亿的用户，每一天都在跟微信发生关系，所以企业有没有跟用户去发生关系，这个非常重要。

有一家销售哈雷戴维森摩托车的公司，一辆摩托车售价是 3 万美元，价格比较高。以前做生意就是把摩托车卖给客户，公司和用户没什么关系，除非摩托车坏了过来维修。但是哈雷戴维森这个品牌，它花了大精力干了一件事情，就是创建了一个骑行俱乐部。

骑行俱乐部把所有车主，都建立在一个圈层里，每个周末举办各种活动，比如骑行比赛，或者新品发布会，或者老客户感恩回馈会，等等。不断地搞活动、不断地搞关系。时间长了，这些人就会成为公司的代言人， 成为品牌的传播者。

第三，定机制、给利益

前两点是基础，这步是关键。企业和用户建立在商业上的关系，比建立在关系里的商业更持久。所以谁比较持久，就要给他一套利益机制。

微观学社一开始就干了两件事情，当时微观在互联网上卖课程与咨询服务，没有人看好。因为互联网上的大众喜欢娱乐化内容，不喜欢严肃的内容。

创始人看起来也比较严肃，讲得内容又太过专业，因此市场反响并不好。走了一段弯路之后又回来了，创始人就对员工说："我们的定位以后就是扎根落地服务的商学院"。

于是诞生了只讲干货的管理频道，结果奇迹发生了，那些真正做企业的人，他们都非常喜欢这个频道。所以微观慢慢也有了"粉丝"，有了那些真正想解决问题，真正想搞企业创新的人。

后来微观就做了代言人机制。代言人就是所有在微观线上学习的 VIP 学员，只要转发朋友学习，就有一定的返利。

除了代言人，还做了合伙人机制，也就是代理商机制。假设用户给微观交 10 万元，帮微观进行推广和转介绍，并且推广达到了一百个以上的 VIP 学员，微观就会给用户 10 万股的微观原始股权。

所以最初的阶段，微观的合伙人给微观转介绍过来的客户，达到了整个公司客户数量的60%，这一切都是因为这批合伙人的转介绍。

2.2 互联时代，你还在用传统营销打广告吗？

社群营销，这个词听起来比较新鲜，当然新鲜的东西，对于一些人来说是很抗拒的，但是对于另一些人来说就是疯狂的。如果愿意疯狂地去拥抱这种新的方式，那么也许企业的业绩就有了新的增长空间或者新的利润池。

什么是社群营销？过去如果做广告，大概只有一种方式，叫作电视广告加上地面推广，这是以前的传统营销。

但是这种营销方式现在已经没什么用了。原因有两个：第一，电视广告费用太贵，很多企业没那个实力。第二，电视广告最多就是让用户知道你的产品，但是能给别人解决什么问题，创造什么价值？它是没有温度和渗透的。

现在越来越多的企业，都已经将这种地面广告和电视广告大量地摒除，全面转型新媒体和做社群营销，就是因为这种营销效果只会越来越不好。

社群营销不是简单的电视广告或者地面推广，可以把它称之为自媒体。自媒体时代通过网络或者一台电脑软件就可以实现，并且不用花太多费用。

今天的抖音、微信、微博、今日头条等众多平台，都是自媒体，而且都是企业能运营的自媒体平台，所以企业一定要在公司里组建一个新媒体团队。

自媒体的核心是内容，中心是线上引流，最终实现线下变现。所以除了有一个几十人的新媒体团队，还要有一个几十人的营销团队，营销团队专门负责线下。那么，社群营销在企业中如何落地呢？

如何落地社群营销

第一，具有娱乐性和关注度

互联网上的传播方式，它不喜欢严肃古板的，因为现在的人压力太大，必须要把它软化，软化就是娱乐化一点。所以在网上宣传就要想办法用“软”的方式，用娱乐的方式把它传播出去。

比如饭店一般打折广告语都是：今天是我们店两周年庆典，进店88折优惠。这种打折的方式就比较传统。

但是有个餐饮品牌是这么打折的：情侣与夫妻或者朋友之间去店里吃饭。如果你愿意亲吻对方，店里就给你打折。亲吻的尺度越大，那么打折的额度就越高。脸颊吻打99折；拥抱吻打88折；法式热吻打77折；错位吻打66折。而且吻的时候还要拍照，在朋友圈纪念，表达彼此的爱意。

通过这种打折方式，就有了朋友圈和微博的传播，而且都是用户自己去传播的。通过这种形式，就会引起其他网友的关注，从而吸引更多的客流量，这就是互联网上的一种新玩法。

有个老板看懂了互联网的这种新玩法，于是在西安的城墙底下开了一个饭店，在情人节的时候花了很少的钱，做了一场活动，吸引了一千多万的关注量。

他就用了类似的逻辑：如果一对恋人在情人节的晚上进店吃饭，吃完饭买单时，两个人拿出手机给妈妈打个电话，跟妈妈表白，告诉妈妈一句话：你才是我这辈子最大的情人，我永远爱你。并且把它拍照发朋友圈，那么今天这顿饭就免单了。

这个活动发出去之后，一下子就有一千多万的关注量。关键是这一千多万人，就会对这个品牌产生情感，觉得这个品牌很有爱、有温度，而不仅仅只是一种打折促销活动。

打折其实是打的价格战，而这种方式不是单纯的价格战，它是把价格战上升了一个层次，于是它就有了温度。

吃饭是功能，打折也是功能，都是刚需，但情感是强需。如果在产品的功能上能加一层情感，就完全不一样。

比如有的人喜欢格力的空调，不喜欢美的空调。因为格力的空调比美的的更加有情感。它们都有制冷、制热等功能。但是很多人想到美的的时候，脑海里是没有人的。但是想到格力就会想到董明珠，就会觉得她做出来的东西是比较靠谱的。

所以互联网时代一定要在功能上加情感，有爱就有参与，有情就有传播。

有个房地产开发商曾经在芜湖市卖房，以前一般的地产公司卖房子，要么上网打广告，要么上机场打广告，要么上电视打广告，这叫作传统的广告时代，费用昂贵而且效果不好。

但是这家开发商发布了一篇微信推文，主要内容是：芜湖市的所有市民仅需缴纳 11 元，便有机会获得价值 110 万元的实房一套。

如果用户正在考虑要买房子，看到宣传的这样一个活动，绝对会心动。如果用户想获得更多的资格，还可以多拉几个人来参加活动。

假设芜湖市有 11 万人参加，这个活动就会生效；低于 11 万人，那么 11 元全部如数退回， 一分钱都不扣。

这 11 万人每个人支付 11 元，那就是 121 万元。这个房子的卖价是 110 万元，但是这 11 万人当中，最后只有一位幸运儿能得到这套房子。其实这个活动的本质就是抽奖，结果很快就有 11 万人报名参加了活动。所以这个公司发了一篇微信推文，只花了 0 元广告费，关注度却暴涨。

因此，互联网时代是用脑子挣钱的时代，只会用钱打广告的叫“土豪”。

只花了0元就获得了几十万甚至上百万的关注量，有的人会说："还有99.99%的人什么都没有，这不是白折腾了吗？"不是的！为了提高参与度，这11元可以变成1.1万元的抵用金。虽然只有一个人得到了那套实房，但是其他人来买房下单时，当时支付的11元就可以抵1.1万元，这也是一种打折的方式。

通过这种方式，至少有1万人会去这家楼盘看房，这就是关注率。通过关注率提高成交率，再提高转化率。

如果多用一些这种营销方式，多创新一些有情感的传播，企业的关注率和留存率就会提高。

如果竞争对手还在等客上门、电话营销，那自己的日子能不好过吗？所以老板一定要拥抱互联网的环境，要学会这个时代的生存方式，而不要把它当成一种技巧，学会了这种营销方式就会带来无限的延伸价值。

第二，具有正能量

互联网环境是一个"鸡汤"环境，到今天互联网发展了这么多年，微信也发展了这么多年，关注量、转发量、评论量最高的，依然是"鸡汤"。尽管大家都在骂"鸡汤"，但就是喜欢"鸡汤"。

因为这是一个"缺爱、爱美、怕死"的年代，所以必须要充满"鸡汤"，才能够充满斗志满血复活。

现在那些低调的老板都不再低调了，真正的低调是有本事，让全天下的人都知道你很低调，那叫真低调。

今天在中国干得比较好的企业家，没有一个低调的。他们在互联网上，都在传播正能量，就是要给这个企业的品牌加一层情感。

功能是刚需，情感是强需。

所有的企业家和老板们，在今天这个时代，都要变成一个有故事的人。没有故事就说明还没有研究过做企业的“发心”——为什么要做这个企业？为什么要做这个品牌？

北京有一个“妈妈快餐”的品牌，就是通过讲故事，提高品牌知名度。老板是一位妈妈，以前她在老家生活，儿子在北京念书，本想等到儿子念完书了，给儿子在老家安排一份工作。但是儿子一定要做“北漂”。每当她问孩子，你在北京过的怎么样的时候，孩子都说很好。

直到有一天，妈妈去北京看儿子，发现儿子住着地下室，出租屋里全是外卖的盒子、垃圾袋。妈妈十分心疼，后来她做了个决定，既然儿子有梦想，那就应该支持他的梦想。于是妈妈就从老家来到了北京，开了一家快餐店，这家快餐店就叫作“妈妈快餐”。

这家快餐店的使命就是要让北漂的孩子们，吃上妈妈做的饭。这个饭就叫作“功能”，妈妈的爱就叫作“情感”，所以他们家的顾客总比别人家的多。因为用户每次都会想到：“妈妈”总不会放地沟油和过期的肉品吧？

所以这个情感就跟大家迅速连接起来，而且自动传播。这个小故事就是想告诉各位老板，一定要学会讲故事，没有故事的人在互联网上就没有阵地。

中国有个民族企业家种植了一种橙子叫“褚橙”。企业现在一年也有几千万的利润，“褚橙”的价格比一般橙子的价格还要高很多，但是他为什么能把褚橙卖好？这就叫价值主张大于物美价廉。

很多人都还活在物美价廉的时代，还在天天研究怎么跟别人打价格战，但是今天做得比较好的公司，利润附加值都比较高，就是因为企业在价值主张上做得足够强。

褚老曾经把云南红塔公司，做成全亚洲最大的烟草公司，后来进了监狱，75 岁时在监狱里糖尿病高发保外就医，此时他只想发挥余热，就看到了一块地，那块地的气候特别好，适合种橙子。

于是就开始种橙子，而他种的这个橙子，从播种到挂果需要 6 年的时间，那一年他 75 岁，也就意味着，他必须要保证自己活到 81 岁，才能看到果实。播种跟收获不在一个季节，所以褚时健就开始在网上发鸡汤，其实这是一种正能量。

进监狱之后，他的老婆疯了，他唯一的女儿自杀了。一个老人家曾经那么风光无限，但是家庭却遭受这样的变故，而他依然充满斗志，这就是典型的励志故事。

最后大家明白，“褚橙”吃的是“励志”，叫作“励志甜褚橙”，这就是它的品牌故事。故事出来了，品牌溢价就出来了，利润率也就高了。而且很多人都在传播，今天可能几万人都能看到这个故事，这就是别人在帮忙传播品牌。

第三，具有实用性

做能解决别人痛点的实用性的内容，这种一般技术服务型公司做得特别好。

比如微观学社，是一家企业管理咨询公司，这家公司在互联网上只做一种内容，就是解决企业的痛点：招聘问题、人才问题、薪酬问题、股权问题、商业模式问题、营销问题，等等。利用各种场景去创作内容，再用这种痛点来吸引用户。

再比如母婴行业，有一个做母婴产品的老板，11 年开了 9 家店，主要做母婴品牌的代理，但后来品牌不再做渠道加盟，老板突然之间就没有了厂家品牌做依靠，之后她的店就不断地在萎缩，从 9 个店缩成了 3 个店。不得已，她只能通过社群营销来为门店做转型。

以前她在卖母婴产品，后来就开始研究用户痛点。痛点其实就是用户，以前开店是等客上门，现在将用户定位到作为父母的 80 后、90 后。

这代年轻父母有个共同点，他们的父母来帮他们带孩子，他们会觉得不专业。但是他们自己带孩子又没有经验，所以孩子经常会感冒发烧，也不知道怎么处理。

这个店的老板卖了 11 年的母婴产品，她跟她的老公都有育儿师证书，受过专业的训练，于是她去干了一件事情。

实用性第一步：定位精准客户，建立流量池。

很简单，就是让员工在小区里加粉丝。先买一些小礼物，在小区里找目标人群，看到抱着孩子的妈妈或者是孕妇，就给人家送个小礼物，让那些人加一个“育儿讲堂”的微信群。加进来以后，每天晚上有两位老师在群里给大家分享 15 分钟的育儿专业课程。

加粉丝一定要加精准的用户，要么有孩子，要么未来要生孩子。而且一定得加年轻人，每天晚上就在群里讲 15 分钟，15 分钟讲的都是痛点和干货。

实用性第二步：解决客户痛点，让客户离不开你。

第二步是提供上门服务。如果哪家的孩子要是生病了，就告诉他们不要总是上医院打点滴。从 2018 年 1 月 1 号开始，我们国家把所有的门诊点滴资格都取消了，打点滴只能去医院。但是一去医院就要挂号排队，增加孩子的痛苦。而他们可以通过按摩、理疗的方式，让孩子病情减轻，不用上医院去折腾。

实用性第三步：扎根服务，让品牌有口皆碑。

每天跟大家讲痛点和干货，时间长了用户跟这个品牌就产生了信任，这个就是专业渗透。以前店里全是产品，现在店里划分出一个区域，将这块区域做成“活动场”，每周搞活动，邀请群里的学员到店里开线下课，做母婴论坛，慢慢地用户就会把这个地方当成一个基地，当成一个圈子，关系就越来越近。

实用性第四步：搞活动，和客户建立信任。

有了营销活动以后，用户就开始在店购买产品，在开线下活动的时候，老板就给这些会员去推会员卡。比如纸尿裤，孩子的消耗量是非常大的，光纸尿裤这一款产品，有的人是一包一包地买，表面上是省钱，但是其实不省钱，而且隔三差五都要买很不方便。所以这个母婴店采取的方式是把它全部打包，根据孩子的成长周期计算出大概要用的纸尿裤的数量，将这些纸尿裤进行一个打包。

实用性第五步："产品＋附加值"模式，提高客单价，高效变现。

打包完后再给用户一个附加值：只要成为这个店的会员，第一，你的购买价格非常实惠；第二，定期送货；第三，你的孩子有任何问题，都会上门做医疗服务，至少能够获得专业的指导。于是它就不再是单纯地卖母婴产品了，而是卖会员卡。

仅纸尿裤这一款产品，大客户一次可以下单 50 万，所以整个店里的销量不是比以前降低了，而是大大的提升了，把这个系统做起来以后，线上进行引流，线下实现变现。

实用性第六步：社群系统，给同行赋能轻资产，高回报。

当老板把这套系统做完后，她就想明白了，她自己不再开母婴店了，因为母婴店是重资产，于是她专门给同行赋能，帮他们线上线下变现、经营粉丝，挣了钱以后双方按比例分利润。

于是这个企业，它就变成了社群系统的运营商，它的资产是轻资产，用智力来赚钱，企业也成功地转型。

现在这个母婴店的老板已经合作了几十家店，但是她自己的直营店只有 3 家，全部都是线上线下一整套的系统，利润比以前高得多。所以这个企业的转型就因为它做了这几步：

第一步，在社区拉精准用户，建立微信课堂；

第二步，每晚讲 15 分钟专业知识，都是大家需要学习的干货；

第三步，提供上门专业服务；

第四步，把门店从卖场变成活动场，搞关系做活动，增强与用户的关系；

第五步，做线下活动，向粉丝推荐会员卡，提高客单价；

第六步，最终形成社群运营系统，向同行赋能。

因此，在互联网上做内容，要学会造一个句，叫作“我不是卖什么的，而是解决什么问题的”。

比如“我不是卖母婴产品的，我是专业解决育婴问题的”。围绕着这个解决的问题创造内容，进行免费传播，持续这样做下去，企业的客流量，用户的忠诚度，还有粉丝的信赖度就会越来越高。

抓潜的重点是学会自建用户“鱼塘”，把用户都抓到“鱼塘”里，蓄水养鱼，把鱼越养越多，越养越大。

抓潜除了转介绍和社群营销两种方法，第三种方法叫作“地面流量”，事实上很多传统企业有非常多的“地面流量”。

有个火锅店的老板，他有 300 个直营火锅店，如果一个店一天的流量是 1000 人，那么一天就是 30 万人的流量。所以这个流量是相当可观的，但是过去没有把这些粉丝积累下来。

在今天就要建立一个概念：真正的生意并不是每一天收的钱，而是客户数据。客户数据库等于企业金库。

苹果为什么能值 1 万亿美金？是因为苹果有 8 个亿的用户。微信为什么值 1 万亿人民币？是因为微信有 10 个亿的用户。所以今天凡是有钱的公司，都是有用户的公司。

过去那些富豪排行榜上，都是地产公司。但是今天你会发现，有的地产开发商已经够厉害，但是为什么它的物业比地产更值钱？因为物业它连接的是客户，所以谁能连接更多的客户谁就更有钱，就这么简单。

因此企业过去最大的悲剧，就是卖了无数的产品，却没有跟客户发生关系。如果你的店一天进来 100 个客户，可能只有 10 个客户买单了，另外 90 个客户就流失了。而且你不知道客户流失的原因，你也不知道客户什么时候再来。

因此现在一定要研究一种方法：如果店里来了 100 个客户，那就争取把这 100 个客户全部都抓潜留存下来。

举个例子，一个微信号能装 1 万个微信好友，如果每家店放 1 台手机，就能吸纳 1 万个粉丝，但是客户加微信时，一定要给客户一个理由。

比如可以设计一个“人气卡”，如果客户加店里的微信号，就送 1 份小吃。看起来你赔了一点成本，但是大部分客户都加了店里的微信。如果一家店拥有了 1 万个客户，20 个店就是 20 万个客户，之后店里如果有打折促销活动，就可以第一时间通知客户，导流就非常容易。

以前如果哪个店要搞活动，就是在外面发传单，现在不用发传单，只需要在这 20 个微信号里发朋友圈就行了，客流自动就导入到这个店里了，之后就有机会成交更深度的产品。

因此一定要把“地面流量”吸引到企业的微信数据库里面，不断地渗透，最终慢慢地成交。

抓潜的第二种方式，叫作“借船出海”。

如果自己做社群营销比较慢，就借一艘船快速地出海。其实这个时候就是借别人的“鱼塘”。

经典案例就是在本书 A 部分里面提到的医学整形医院转型，整形医院找到了美容院这个“鱼塘”，就不需要自己去开发这部分客户群体。

这就是一种借船出海的方式，还有一种典型的商业模式：S2B2C

商业模式。阿里巴巴研究院发布了一个报告，说 S2B2C 是未来最有前景的商业模式。

图 B—2 S2B2C 商业模式

以前很多企业做的是 B2C 模式，就是企业端对终端。比如说美容整形的医院，这个产业通过一个中间商代理站，将产品最终达到终端用户，这就是 S2B2C 模式。

再比如腾讯入股了海澜之家，海澜之家在线下有 5000 多个服装门店，属于 B2C。腾讯入股 海澜之家，腾讯是 S2B，海澜之家是 B2C，这也是典型的 S2B2C。还有腾讯入股永辉超市，线上线下结合也是 S2B2C。在未来，这一定是传统企业最具价值的一种转型盈利模式。

因此企业要做一套赚钱系统，把这套赚钱系统赋能给中间商，如果还只是做代理，那未来一定会被淘汰。除非变成代理运营商或者赋能商，所以借别人的“鱼塘”的前提是要有赋能系统，要有帮别人赚钱的系统，才可以做 S2B2C 模式，这就是很典型的借别人的“鱼塘”。

最后可以得出一个结论：这个时代做企业的方式是对内“聚焦”，对外“杂交”。这是这个时代做生意的一种方式。

对内聚焦就是把自己的事情做好，就像腾讯它只做社交微信平台，把微信和 QQ 这两个平台做好，再入股海澜之家、永辉、美团、滴滴，跟它们“杂交”起来。

因此腾讯虽然没有电商，但是有京东；没有出行工具，但是有滴滴和共享单车；没有超市，但是有线下超市永辉，所以想要做大企业，就要对内聚焦，对外“杂交”。

3. 创新营销 5 步法之第 2 步：渗透

渗透的目的是为了“催熟”。比如从海南摘下来的香蕉，可能只有六成熟，但是在运输的过程中，如果和苹果放在一块，经过几天它就变到了八成熟，等买回家的时候正好就熟了，在过程里面慢慢的催熟。

同理，经营客户就是一个“养鱼”的过程，先不要急着成交，“养鱼”就是建立起客户的信任，在信任建立之前，所有的成交动作都是无用功，所以企业要研究的是怎么在这个过程里，把客户的信任建立起来。

如果要建立客户的信任，可以通过以下四种连接方式产生：

3.1 第一种连接：顶层连接，即名人背书

顶层连接就是名人背书，这种方式虽说中小企业目前用不到，或者很少用，但是一旦打开这个缺口，机会就非常多。

以前在网上有一个专门卖顶级非洲野玫瑰的店，一束花要卖到 1314 元。这种玫瑰花的品牌溢价其实很高，但是它凭什么能卖到这么

高的价钱？就是因为它找了很多当红明星做代言，代言的方式就是给他们举办婚礼。所以它就是让名人做代言，属于顶层连接。

3.2 第二种连接：中层连接，即客户代言

中层连接也叫作客户代言。全世界最好的推销员不是员工，而是客户，所以要做口碑。

因此企业必须要踏踏实实地去成就一批用户。为什么微观学社把大部分的精力，都用来服务客户，就因为只要把这成千上万个客户服务好了，就有几万个代言人，而这批客户就会去连接无数的老板和创业，就不会缺乏信任，也不会缺少生意了。

3.3 第三种连接：基层连接，即员工渗透

基层连接就是员工渗透。员工渗透其实更重要的是营销团队的打造，每个营销员工至少有一部或者两部手机，每部手机里面都有几万个粉丝。

客户数据库等于企业金库，企业的数据库里有那么多客户，根本不用愁生意。很多老板没生意的时候很焦虑，有生意也很焦虑。没生意在愁订单什么时候来，好不容易拿到一笔订单，又在愁下一笔订单什么时候来。

如果一个团队在不断地引流，把用户抓进来，另一个团队不断进行渗透，订单就会源源不断的出现，也会层出不穷的出现合作机会。

而且渗透要做“子弹头”。很多人说微信营销没有用，那是因为你一直发广告，一个只知道发硬广告的人，肯定在微信里面没有阵地。有情就有传播，有爱才有参与。

“子弹头”展现出来的形式有很多，比如美图、短视频、短文信息

等。一定要让客户看到最真实的东西，所以要好好地教营销团队，去创作“子弹头”，不断地进行渗透。

这样做相当于员工在公司里有一个“客户银行”，可能这个员工现在并没有挣到多少钱，但是他有 1000 个潜在用户。就算他离开了这个公司，他是带不走用户的，用户资源就变不了现，所以他是不会走的。他知道再等一个月或者一段时间，可能就有变现结果，慢慢地员工的心就会越来越沉静。

所以，没有用户数据库，永远都是新创公司。

3.4 第四种连接：内层连接，即企业家精神

内层连接就是企业家精神，企业家必须在互联网上传播一种精神。

有家地产公司为什么品牌做得好？为什么它的创始人会成为中国企业家的标杆？因为他把企业做到世界第一名的地产公司以后，便开始每天登山运动，当时他的身体状况越来越差，医生都已经下了病危通知，告诉他下半生有可能要坐轮椅。于是创始人就开始放下公司的管理工作，登山健身，他的这种攀登和超越的精神，感染了无数的人。于是他就成了自己品牌的形象代言人，这就是一种内层连接。

如果把这四个维度在公司里一步一步落实，企业就会很有希望。

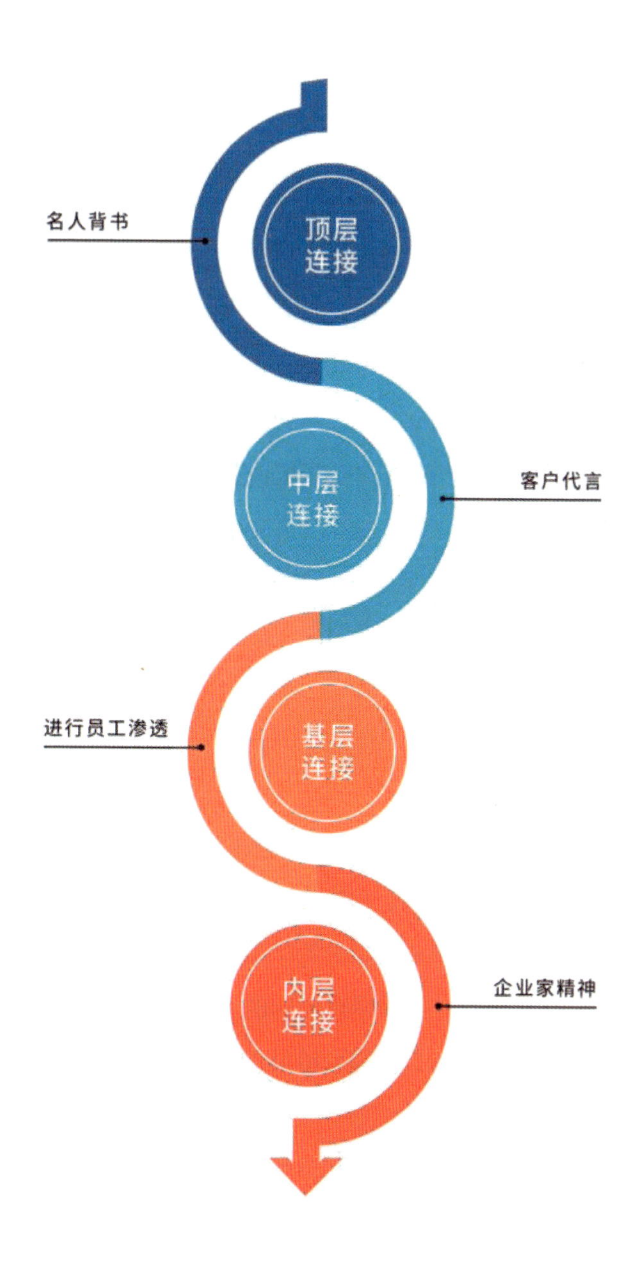

图B—3 客户渗透的四大连接方式

4. 创新营销 5 步法之第 3 步：成交

它是整个创新营销 5 步法里的灵魂。前面有了客户，后面也做了渗透，那么抓潜、渗透之后，用户就开始慢慢建立了信任。而最后一步就是要让客户交钱，也就是成交。

那客户凭什么成交呢？很多时候，企业都在逼着员工卖产品。很多人总是说，没有卖不出去的产品，只有卖不出去产品的人。给员工“打鸡血、灌鸡汤”是对的，但是作为老板，要研究怎么让产品好卖。一个好卖的产品，会降低员工销售的难度，就是这么简单的道理。

苹果手机好卖，所以苹果公司对销售人员的销售能力要求很低，因为用户都是主动排着队来买的。因为产品设计得好，所以营销难度就会下降，业绩也就会暴涨。

4.1 企业如何做好营销

企业做营销服务的第一件事：设计入门爆品。

有一家烤鸭店设计了一款珍珠丝袜奶茶，员工每卖出一杯奶茶就会有提成，前端产品的利润多数都分给了员工，这就大大提升了员工的激情、状态与服务，这款产品就是烤鸭店的“入门爆品”。

企业做营销服务的第二件事：给员工高额提成。

员工在客人吃完烤鸭以后，就会给客人推荐奶茶，而且这款奶茶做得很精美。每杯奶茶给员工提成 25 元，一杯奶茶只有 13 元的成本，而 25 元的毛利全部用来奖励给员工。

客人来了以后，员工态度就变得非常地热情，服务也非常周到、贴心。等到客人吃到尾声，过来就开始推荐：“哥哥姐姐们，吃完烤鸭是不是比较油腻？要不要来一杯我们店里的黄金产品珍珠丝袜奶茶？38元一杯。”

如果两个人要了两杯奶茶，那么这个员工就获得了50元的提成，员工马上就有了成就感，接下来的服务态度就会越来越好。

员工的态度不好，是因为机制没有到位。如果让员工有了挣钱的机会，那么员工的服务态度自然就会变好，所以凡是不带营销流程的服务，员工的态度都不会太好。

因此，在做营销服务时，一定要做两件事情：第一件事情就是设计入门爆品；第二件事情就是给员工高额提成。

这款“爆品”在公司里用来做引流，公司不要想着靠这款“爆品”挣大钱，主要是让员工拿到高额的提成。那么员工的状态和企图心自然就激发出来，他们就会更好地服务客户，这个就是机制。

所以很多时候，机制是最好的沟通语言。给员工做任何培训，都不如给他们一款产品，让他有一个挣钱的通道，而且这个通道对他们来说还比较轻松，这就是做“爆品”的意义。

做入门爆品有三个前提：首先就是低门槛，设计的产品门槛要低；其次是强需求，即客户对这个产品的需求是刚性的，客户必须要有这款产品，或者说很想要这款产品；最后就是高频率，不要用了一次就不用了，那这个客户就没有后续的重复消费了。

所以如果要设计入门爆品，要记住这三个前提，这个入门爆品才有机会被“引爆”。

共享单车为什么能迅速在全国拥有几千万个用户？就是因为使用单车的门槛很低，只需要交一点押金，或者每次花一元钱骑行，甚至最开始还可以免费骑行。

第一，它的门槛非常低；第二，共享单车的需求高强，下了地铁或者公交，短途就可以选择骑车；第三，使用的频率很高，所以它就会成为一款非常好的入门爆品。因此共享单车迅速做到百亿美金的市值，这个就是入门爆品。

还有“e 袋洗”，为什么这几年它“老树开新枝”，迅速就把市值做起来，就是因为它做出来了“一袋 99 元”的“爆品”。他们在北京一个有 5000 户的小区，摆了 3 天展台做活动，有 1200 个用户下单，于是这 1200 个家庭就成为了它的用户，成交率为 24%，这个成交率是非常高的，原因就是产品好。

所以一定要先把企业的入门爆品好好打磨出来，这是企业实现业绩暴涨的一个最重要的通道。

很多企业今天的业绩之所以有困境，就是因为产品差劲，在“爆品”上没有打磨出来，跟同行相比没有任何竞争力，总是在打价格战，所以员工销售非常吃力，业绩就没有爆发力。

特斯拉的老板马斯克说过一句话：“我怎么老感觉营销就像套路一样，产品如果做的好还用营销吗？”这句话虽然有点极端，但是也有道理，如果企业都能像他们一样不断打磨产品、打磨爆品，那么营销就自动会发生裂变。

4.2 企业如何打造爆品

爆品设计的三大维度：第一是精准用户，第二是隐性需求，第三是解决方案。

“e 袋洗”这个品牌的精准用户就是年轻人，而且是经常使用微信、高收入的白领人群。这些用户群体的共同点都是事业心重，没有时间自己动手洗衣服。

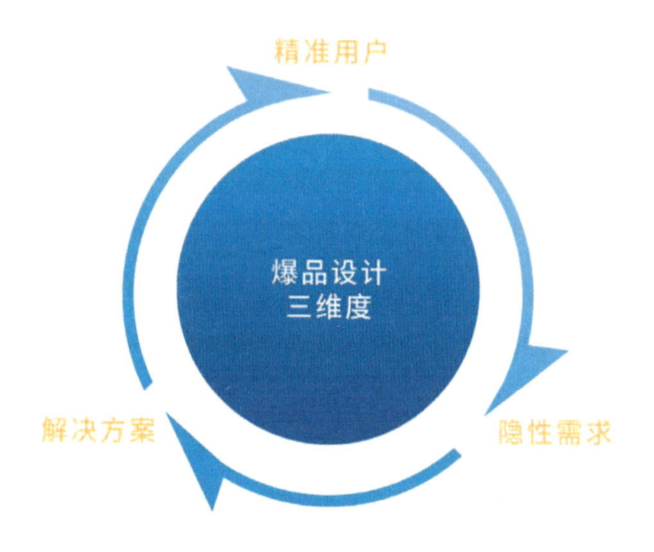

图 B—4 爆品设计三维度

现在“e 袋洗”来帮他们洗。以前都是自己送衣服来洗、自己取衣服回家，而且等待时间长、价格高，而“e 袋洗”把这些隐形问题都解决掉了，最后提供的解决方案就是：99 元一袋、上门取送。所以“爆品”就出来了。

公司只要把“爆品”打磨出来，公司在这里挣的利润少一点，给员工的提成高一点，客户就很容易成交了。接着再去设计如何追销、如何重复消费，以及设计产品链，公司后面的利润就会越来越高。

爆品方案的核心：让用户有占便宜的感觉。

每一个企业都可以通过“爆品”方案的重新设计，让产品变得更好卖。这也是老板和高管最应该 去思考的问题。

什么是“爆品”方案？核心：就是要让用户有占便宜的感觉。事实上消费者不是要“占便宜”，而是要拿到“占便宜的感觉”。

比如火锅店做的一个会员卡“爆品”，重点是放在 1000 瓶啤酒上。

客户在这家店里只消费了 200 元，但是他看到这个活动的时候，直接就充值了 1000 元。所以客户的消费单价其实已经翻了 5 倍，而且还有更多的客户，都可能充值了会员卡 。

这里面实现了两个好处：

第一，这个会员卡会很好卖，因为“武器”够好、产品够好；

第二，这个餐厅的现金流会变得更高。以前一天的现金流量是 3 万元，现在一天的流量翻了 3 倍，变成了 10 万元。

如果火锅店卖了几百张这样的会员卡，甚至上千张这样的会员卡，那么这个店里还会缺客流吗？

因此它解决了这个店里的客流和现金流的问题，同时还有转介绍的形式（就是合伙人）。其实啤酒就是一个“索引”，让客户有占便宜的感觉，把客户牢牢地“锁” 在店里。当然可能有人会想，如果有客人光来这里喝啤酒怎么办？这样的情况可能有，但是很少。

因此要记住一句话叫：把广告费变成消费者的福利。即把本来准备打广告的费用，直接变成消费者的福利，所以这个企业产生了会员卡，而这个会员卡就是这家企业的“爆品”，这就是让用户有“占便宜的感觉”。

“爆品”方案的第一种方法：超高附加值。

一个产品它是由本身价值和附加价值两个部分组成的。

举个最简单的例子，比如飞机的经济舱和头等舱功能是一样的，都是从 A 地到 B 地，但头等舱的价格比经济舱贵很多。如果这时飞机上的头等舱没有人坐，空姐发了一个广告：现在只要交 10 元钱，就可以从经济舱升到头等舱。那么大家肯定都会抢着购买。

为什么这 10 元大家都愿意掏呢？就是因为提供了超高的附加值，虽然坐经济舱也能到达 B 地，但是客户愿意为这种附加值去买单。

因此“爆品”方案的重点，就是在这个附加值上去“做文章”，要用一个超高附加值的产品，提前把钱收回来！

有一家便利店的老板，他设计了一种 100 元的会员卡。比如你到了便利店，本来是买一袋盐和几瓶可乐，只花了 12 元钱。

而现在充值 100 元就可以成为会员，并且给你一个附加值：会员如果在店里买鸡蛋、米、面、油，就按照成本价的 70% 计算。

很多家庭主妇都很清楚，鸡蛋、米、面、粮油，她们家几乎天天都要用，在哪儿买都是买，不如就在楼下的便利店买。

为了买到这些东西，客户办一张 100 元的会员卡，而且能拿到这么低的价格，他们就会有一种占便宜的感觉，所以这个店一天到晚都有人排队办理会员卡。假设办理 100 张会员卡，那么这家店光靠办会员卡，一天就能收入 1 万元，而且从此以后，这个店里就不再缺客户和流量了。

重要的是在这个店里，除了买鸡蛋、米、面、油以外，消费者还会买别的产品，所以就会产生附加消费。便利店里的其他商品跟其他便利店的价格是一样的，这个店就会留存流量，在后端持续地变现。这就抓住了用户的数据库，它提供的是一个超高的附加值。

如果这个门口有三家便利店，只有这家便利店这么做了，那么这家便利店的流量一定会更大，而且总流量就这么多。100 个客户都被他拉过来了，那其他两家便利店自然就没有客户了。

所以什么叫作“轻资产”？过去很多人把盖楼房、开门店、开商铺叫作重资产。重资产到底好不好呢？关键看你怎么做，真正的轻资产绝对不是没有资产，也绝对不是没有重资产。

轻资产是在同等投入下，收入水平可以翻 N 倍。假设 A 和 B 都投了 200 万元，开了一家火锅店，A 一天盈利 3 万元，B 一天盈利 10 万元，那么 B 的收入就叫作轻资产。

每一个时代，都有这个时代的生存方式。

做企业一定要学会六个字叫作：融资进、经营出。只要开店做生意，就要先把投入的钱收回来。要用一个超高附加值的产品，提前把钱收回来。

爆品方案的第二种方法：“卖转租”。

第二个更厉害的做“爆品”的方法，叫作“卖转租”。

以前总是在研究怎么卖产品，但是现在可以研究怎么租产品，这也是在世界500强公司里，非常通用的一种爆炸性的商业模式。

印刷行业的施乐印刷机，现在的很多年轻人可能未必见过。以前印刷后，纸没有现在的干净，上面全是油墨点。字是在印刷机的卡盘里面，一个一个找出来再打印。就是这样的设备，价格是300美金一台，每一天的印刷数量也有限。

后来施乐公司技术革新，成为了全世界第一家发明静电复印机的公司，印刷速度很快，而且干干净净、白纸黑字。但是这台设备却标价2000美元一台，价格增长了六七倍。合作商会认为买这样一台设备成本太高，因此施乐公司的销售难度就增加了很多。

所以，施乐公司自己融资，大量地生产设备，再把这些设备以非常低的价格租给这些合作商。尤其是大企业、学校、政府这些机构，只需要花费95美元，就可以把这台设备租回家，持续使用一个月。

之后，还设计了一款“爆品”方案：如果印刷数量在2000张纸以内，每月只需95美元。如果超出2000张纸，每超出1张纸就要给施乐公司付4美分。如果用户不想再用这台设备，可以随时终止合作，只需要提前15天通知施乐公司，他们就会派人来搬走设备。

这个方案在市场里有很大的爆发力，通过这个方案，轻而易举就把本钱挣回来了。其实最后真正终止合同的客户很少，因为施乐公司挣得是租金以及超额的耗材费。

因此，施乐公司保持了连续 20 年的高速成长，每一年的复合增长率都超过 40%，最后施乐在打印机市场的占有率达到了 82%！就是因为它用了“卖转租”的“爆品”方案。

爆品方案的第三种方法：盈利分成。

其实，在市场里“行走江湖”，一定要让客户有占便宜的感觉。所谓占便宜的感觉，就是他付出的很少，但是收获却很大。

7-11 全球拥有 6 万多家便利店，90% 以上都是它的加盟授权店，都是在马路边上的“夫妻店”。

7-11 的市场人员进店后，就开始跟店主聊天：“你现在一天挣多少钱？”夫妻店的老板说：“我一天只能挣 1000 元。”市场人员就告诉店主：“那我们用 7-11 的品牌来给你赋能。你用我们的品牌，我们来给你供货、摆货，帮你做促销、上新品。我们来帮你一起经营，你每一天挣的 1000 元保底还归你，1000 元以上的部分咱们俩五五分。”

如果一天挣了 2000 元，那么 7-11 会分走 500 元。这种方案叫作盈利分成。很多夫妻店就认为这占了大便宜，所以 7-11 就波涛汹涌般地占领了全球市场，用的就是这种模式。

“爆品”方案的第四种方法：保底收益。

消费者除了喜欢“占便宜”，还不愿意承担风险，如果企业能解决人性的问题，那么市场份额就会足够大。

就比如要加盟海澜之家，就要交 100 万元押金，但押金是可以退的，相当于没有风险。加盟商真正要付出的是 100 万元的装修费，其他的经营管理、进货、人员招聘、培训、考核，等等，都是海澜之家自己负责。

付出这 100 万元以后，它会签一个保底协议，5 年之内它保证加盟商挣 100 万元。也就是说现在投 100 万元，他会保证这个店 5 年之内挣回去 100 万元，这就是海澜之家提供的招商方案。

如果海澜之家能把这件事情做成，那么投资者加盟的动力和决心，明显就会增加。

当然海澜之家还补了一条协议：如果要签定这个保底收益的协议，每一年要给公司交 6 万元的运营经费，就相当于 5 年要交 30 万元的运营经费，它就会保证加盟商挣到 100 万元，所以这个保险方案就提升了投资者的加盟动力。

因此，成交的核心是“武器”，这个武器主要是两类：一类是入门爆品，一类就是爆品方案。爆品方案有四个方法：第一个是超高的附加值，第二个是“卖转租”，第三个是盈利分成，第四个是保底收益。选择任何一条通路，企业的业绩都会暴涨。

5. 创新营销 5 步法之第 4 步：服务

在成交环节中，用户只是成交了一个“爆品”，所以必须要通过入门产品的服务，让客户进来产生“尖叫”。

而让客户产生“尖叫”，第一步靠的是体验流程。

必须要通过一个流程让客户觉得：才花了这么点钱，就获得了这么高的价值，这个公司太好了，一定要去买他们公司更深层的产品。

过去很多人认为服务不重要，因为服务收不到钱。关键是如果要在公司里做升级，那么服务才是企业最大的战略。升级只有两种：要么技术升级，要么服务升级。凡是不重视服务的公司，客户就会流失！

比如有一家按摩椅品牌，就是不太注重流程导致口碑很差。因为按摩椅非常重，所以搬得时候特别麻烦。很多住在高层的客户买回去后，都发现放不进电梯里，于是就向该品牌的客服投诉，售后人员回复必须要他们专业的人来，要先把它拆了才能搬。随后客户就叫服务人员过来拆卸，拆完以后又要收取上门费、手工费、耗材费等一些附加费用。

客户就特别纳闷：上门不就等于手工吗？为什么上门费还要加个手工费呢？但是没办法，他收多少钱就得付多少钱，要不然服务人员不会照做。

搬到家里之后，服务人员的态度还特别恶劣，全程都是只动嘴不动手。投诉一下，回复说：“你投诉我们也没有用，因为在整个西安地区，我们只有这一个售后服务，你要用就用，你用不了我们也没有办法。”

这家公司很明显没有重视服务，不重视服务的代价，就是失去了客户，而且这个客户还会“病毒传播”，这就是一种负面传播。

因此，越大的公司，越要重视贬低者客户的管理！

比如某电器品牌，有个客户购买了他们家的吸尘器，之前它的电线是一键可以收纳的，有一次用完之后，电线却怎么都收不进去。

于是，客户就给售后打电话，服务人员就让把吸尘器寄回去，紧接着他们又打了个电话，他说：“我们已经给您免费寄了一台新的设备，您先拿着用，要不然您这段时间没有吸尘器可以用。”

所以可能就因为这一招，就把客户感动和征服了，客户也会在他家购买其他电器产品。

很多时候企业不重视服务，忘记了服务才是最好的营销！企业应该把焦点都放到客户的服务上来，因为服务就是口碑，它会逐步地裂变和增长。

在公司里面做服务，可以对客户做一个相关的评估——NPS 客户满意度评估。从这个满意度评估基本上就可以看得出，公司在满意度上，有哪些地方可以精进。NPS 是一个宣传者系数：NPS= 宣传者 / 总调查人数 – 贬低者 / 总调查人数。

8 分以上是宣传者，6 ～ 8 分是被动者，6 分以下的是贬低者。所以在做客户满意度时，最需要关注的是，要不断地降低贬低者的比例，提高宣传者的比例。

一个正面的宣传者，或许可以给你带来 5 个客户；但是一个负面的贬低者，至少会给你带来 10 个负面的客户，或者至少影响 10 个订单。因此越大的公司，越要重视贬低者客户的管理。

比如用户在肯德基买了一个汉堡，吃了一口觉得汉堡不热，或者员工下错单了，这个时候跑到前台要求退换，这些品牌的员工都会毫不犹豫地马上给你换掉，因为一个汉堡的价值，永远比不上一个客户的满意度。

他们会不惜代价地降低贬低者的比例。除此之外还会做一些“小感动”。比如在客户过生日的那时候，突然唱歌，或者做一碗长寿面，在这一点上做的最好的，就是海底捞。

5.1 海底捞火锅：把客户当“自己人”，0 元打广告口碑变品牌

海底捞不但是卖火锅，更是卖服务！不管是从最开始的给顾客提供眼镜布、围裙，还是顾客过生日送蛋糕，海底捞的店员都会热情地服务客户。

曾经有一个顾客去海底捞吃火锅，走的时候想打包一盘西瓜，过了一会服务员并没有打包西瓜，而是搬了一个又大又圆的冰镇西瓜送给客户。那么这个顾客在搬走西瓜的那一刻，内心一定在“尖叫”，他就会回去做免费的传播。

一个西瓜才多少钱？但是却“收买”了一个客户的心，这就是宣传者！

因此，要不断地想办法提高宣传者的比例，降低贬低者的比例。

NPS 是一个宣传者系数：

NPS= 宣传者 / 总调查人数 – 贬低者 / 总调查人数。

例如，总共有 10 个客户，有 7 个客户在 8～10 分，有 3 个客户在 0～6 分，6～8 分之间没有客户。那么 NPS 就等于 70% 减去 30%，所以 NPS 就是 40%。

一般 NPS 能超过 40% 的都是比较厉害的公司了，电子产品的消费领域里，第一名是苹果公司，第二名是日本东芝。

日本东芝当时的 NPS 是 42%，位列全球第二。第一名的苹果公司，当时的 NPS 是 58%，但是乔布斯是一个追求完美的人，他觉得 58% 太低了。于是他就把苹果的线下服务门店体验当做一个项目来做，开始对所有的苹果用户进行宣传者系数的提升，仅仅用了几年时间就把 NPS 从 58% 提高到 78%，用户的满意度非常高。

5.2 没有流程就没有赚钱系统

在服务里还有第二件事情要做，叫服务流程。

没有流程就没有赚钱系统，没有系统，干的再大也是个作坊！

事实上一个公司到最后不是要赚钱，而是要打造一个赚钱的系统。如果没有系统地赚钱，老板其实也就是一个雇员，收入本质来说是属于劳动性收入。但是如果有了一个赚钱系统，那么它就是系统性收入、流程性收入。

所以在公司里要不断地去创造和优化这个流程，而在这个流程中，要关注的就是“接触点”。

以前老板认为把客户服务好，就是要时时刻刻去关注客户，但真正要把客户满意度提高，就是要在关键时刻做关键事件，通过这个“接触点”，让客户的满意度不断地提升。

比如说飞机上空姐的服务，客户需要什么服务她一定会尽全力满足。关键时刻她都会出来，但是其他时间各做各的事情。

什么是满意度，满意度其实就是在“接触点”上一定要做到让用户足够的满意。要形成一个全新的概念：**品牌就是用户的“接触点”，要从管理用户的眼球到管理用户的嘴巴。**

“管理眼球”就是打广告，广告只能到达用户的眼球，但是有没有到达用户心里，就得看“接触点”。小米没怎么打过广告，海底捞也没怎么打过广告，但是为什么今天这些品牌在消费者的心里面却很有分量呢？因为它在“接触点”上做得足够好。

5.3 品牌是用户接触点，从管理用户眼球，到管理用户嘴巴

有一家餐饮品牌的广告语是这么说的：“闭上眼睛点菜，道道都好吃。”

为了落实这句广告语，它做了一个沙漏。顾客一落座，沙漏就倒过来开始计时，点完菜 25 分钟后，所有的菜品就必须要上齐。如果过了 25 分钟菜还没有上齐，那么整桌就会免单。这是给客户的承诺。

因此，它一定能保证在 25 分钟以内，菜品能够全部上齐，这是它做的第一点；第二点它说“闭上眼睛点菜，道道都好吃”。

所以它的员工都有一个权利——比如顾客点了四道菜，其中有一道菜基本上没怎么动筷子，他就会跑过来问你：是不是这道菜不好吃？如果顾客觉得这道菜不好吃，他就会主动退掉。

因此，顾客在这里吃饭就会吃得很安心，会有当“上帝”的感觉。因此那些厉害的企业都在服务上发力，真正在服务上对客户进行投入，在“接触点”上让客户产生“尖叫”。

要做到三个“关键”：关键时刻，关键事件，关键人物。

最典型的就是本书讲过的汽修行业案例，这家公司的爆品是“次晨达”，那它在这个流程中是怎样做服务的呢?

首先是关键时刻，第一步是取车，要么客户把车送过去维修，要么它提供上门的取送服务，只要在499元基础上再加59元就可以提供上门取送车服务。

其次是关键事件，就是要做到客户满意。客户把车交给了服务人员，肯定会担心车被随意使用，所以这家公司做了一个地图，客户的车一旦交给他，就可以随时打开地图看到车的行驶轨迹。

最后是关键人物，其中之一就是取车的司机，客户可以看到车经过了20分钟，到了汽修店，那就可以安心睡觉了。

还有一个关键人物是汽修工人。作为车主，担心工人会随意更换零件，这家公司会做一个直播入口，客户打开直播间就可以随时观看车的动态，车在哪，是怎么修的，都可以全程透明观看。

还有一个关键时刻是施工，施工主要关心的是工艺。比如客户会担心如果价格太便宜，工艺品质就没有保障；承诺的明天早上送达，能不能真的做到；在这修需要499元，如果送去4S店修，会不会只需要100元?

于是，它就又提供了一个关键事件叫“三赔”——慢就赔、差就赔、贵就赔。如果没有按照承诺的时间跟客户交车，赔300元；如果工艺品质比4S店差，赔300元；如果价格不比4S店同款的修车服务便宜30%，也赔300元。

这样，消费者就会感觉很安心，所以他们做得好是有原因的。就是在这些细节的服务上，真刀实枪地给客户兑现承诺。

关键时刻要做什么事件，什么人去做，把这张表列出来，整个公司的服务就有了升级标准。服务有了升级标准，剩下就是玩命地执行，之后企业的服务口碑就会越来越好，最后达成用户“尖叫”。

以后争取每个季度对用户进行一次取样评估，看看 NPS 有没有提高。如果 NPS 算出来只有 10%，说明口碑不怎么样。也有 NPS 为负数的公司，只要 NPS 为负数，这个公司就会越来越差，而只要 NPS 为正数，这个公司就会越来越好。

考核公司的干部，考核服务团队，也可以用 NPS 来考核。NPS 只要提高就发奖金，只要降低就减少奖金，那么，这个企业就会越来越重视服务。

这是创新营销 5 步法的第四步服务，创造出极高的用户口碑，让客户产生“尖叫”。最开始让客户关注，把客户留存下，再让客户产生信任，之后通过成交、服务，让客户最后“爱”上，接下来所有的事情就都好办了。

6. 创新营销 5 步法之第 5 步：追销

首先老板要清楚，用户价值最终体现在一个词上，叫作“终身价值”。

为什么要重视用户？举个最简单的例子：美团跟滴滴“打架”了，以前是美团做外卖，后来美团推出“美团打车”，而且价格很低。

这些公司其实都在用补贴的方式竞争，直接给消费者补贴。那它为什么愿意去补贴呢？如果它一直补贴，那么它凭什么赚钱呢？

凭的就是用户的终身价值！

很多人都打过专车或者快车，最开始打车时，用户一是图方便，二是图便宜。很多时候是因为有补贴，所以才打车，但是要知道，用户后面会持续很长时间都在它的平台打车。

一个用户被平台补贴了 50 元，但是两年之后，用户在这个消费平台上，可能已经消费了 2000 元。假设用 10 年，那么这个用户在平台上的价值就是 1 万元。因此，为了这个 1 万元的终身价值，平台补贴 100 元，它绝对是划得来的。

那些愿意做补贴的公司，都是因为它看到客户的终身价值。比如用户在美团上点外卖，美团做补贴，接下来几乎每天用户都在上面消费，这就是用户终身价值的概念。

因此，绝对不能跟用户做“一锤子买卖”，只要跟用户做了“一锤子买卖”，这个生意就肯定很烂。只有让用户跟产品持续地发生生意关系，就能深度地进行追销。因为用户是一种战略资产，越服务越有产出。

当年的台湾首富王永庆，刚开始他只卖米和油。20 世纪七八十年代，他开的社区店，如果顾客进店买了一袋米或者一桶油，准备走的时候，王永庆就会说：“你别走了，你把东西放这里，我待会帮你送货上门，这么沉你拿不动。”当你把地址留给他后，下午他就把米和油背过来了，而且直接送到厨房。

送进去的时候他就会眼观六路，看一下你家户型或者你家有几口人，就可以预估出来送来的这袋米还有这桶油，大概能吃多久。比如能吃 25 天，在过了 20 天之后，他就主动背了一袋米和一桶油送上门去了，“噔噔磴”地把门敲开：“我估摸着你们家的米和油快吃完了，我给你送上来了，你看是我背走呢？还是留下呢？”

基本上用户都会让他留下米和油，所以这些客户就一直买他们家的米和油，这个就是我们说的对客户进行了追销，而追销的根本就是要关注用户的终身价值。

6.1 追销第一件事：重视流程

在做追销的时候要重视流程。流程就是三个关键，首先是关键时刻，关键时刻就是跟用户的“接触点”。

其次是关键事件，就是企业要创造什么事件让客户感动，让客户尖叫。最后这件事情谁来做，叫作关键人物，需要进行持续地训练，这就是流程。

汽车贴膜就是一个成功的营销案例，一般给车贴膜两三千元就可以贴，但是这个品牌贴车膜需要花上万元。它是怎么营销的呢？

当客户一进到4S店，接待的销售顾问就很专业：“欢迎光临XXX，先生您过去在考察什么车？”客户说：“我看XXX”，他说：“XXX那叫豪车”，客户说：“那你们的车是什么车”，销售说：“我们不是汽车，是奢侈品！”

这一刻，客户突然发现，自己的档次被提高了，原来买的是奢侈品。那既然买奢侈品，就不能谈价钱了，所以最后就把车买了。

买完了车，换了一位服务人员就问：“哥，要不要在我们这贴个车膜？”客户说：“可以”，她说：“我们这的膜有三种，民用的、警用的、军用的，你要哪一种？”，客户说：“我要民用的”，她说：“这样吧，你先别急，你跟我来看一下再做决定。”

之后就把客户带到一个实验台，这个实验台大概有1米多高，底下放着玻璃，上面贴了膜，先贴上了民用膜，上面有一个铅球。她说：“假设这是在高速公路上，飞速行驶的汽车对面飞过来了一个小小的石子，但是它的威力，绝对比这个铅球的威力要大10倍，我们现在用铅球来实验。”

接着，把那个铅球往下一扔，结果贴了民用膜的玻璃瞬间四分五裂。她说：“这就是民用膜，不安全，如果用民用膜，很可能就出现这种安全事故。”接着用警用膜，用铅球往下一砸，玻璃照样碎了，但是警用膜好的一点就是，碎掉的玻璃被膜粘住了。她说：“您看，如果用警用膜，人就不会有事情，因为玻璃没有飞出去。”

这一刻客户的心里变化是：“膜”关乎生命，卖的不是“膜”，卖的是生命！这个时候会觉得多花点钱，完全可以理解。

这就是营销流程，后来又试军用膜，她说：“你自己来试”，铅球向军用膜砸下去，但是底下的玻璃一点都没有碎。她说：“这个军用膜，是以色列技术进口，奥巴马空军一号同款，而且是防弹的，品质很高。”

最后客户就选了 4 万元的军用膜，所以她通过流程的体验，最后提高了客单价，就从 2000 元直接卖到 4 万元，这个膜就被她卖出去了。

这是一种典型的追销，属于提高客单价的追销，靠的就是流程体验。

如果要成为销售高手，肯定不只是卖功能，功能是刚需，一定要卖情感。只有上升到客户生命的深处，卖出来这种情感，才可能真正提高客单价。这是第一件事情。

6.2 追销第二件事：做产品链

第二件事情就是产品链，一定要在公司里面做产品链。

有一家在西安做中低端的足疗店，他们家的足疗是每次 20 元。门槛很低，而且全都是开放式的，老百姓都可以消费。但是他把 20 元 / 次的足疗作为引流产品，所有的技师统一做技术和营销的培训。

这个店主打两个项目：治疗脚气和灰指甲。他可以把这两项放大到用户必须下单为止。因为得过脚气的朋友都知道，脚气会让人很难受、痒，灰指甲的这个风险就更大了。所以他就告诉用户治疗这个病的重要性。

一般治疗一位得脚气或者灰指甲病人，他们店里大概要收 200 元，入门产品虽然是 20 元，但是后面的利润产品要收到 200 元。

这家企业现在已经在全国做到了 1500 家店，一年产值 25 个亿，就是依靠这种足疗的产品链做出来的。所以一个没有产品链的公司，用户是没有办法重复消费的。

那产品链是怎么设计的？

在公司里老板首先要打造入门“爆品”，把客户吸引进来；接着打造能够批量化交付的标准产品；再下来要打造定制化的、利润比较高的利润产品；最后打造粘性很高的合伙人模式，这个就叫作模式产品。

无论是麦当劳、7-11，还是海澜之家，卖到最后这些公司都是卖模式，而不是看到的表象，这就是一家公司的产品链。

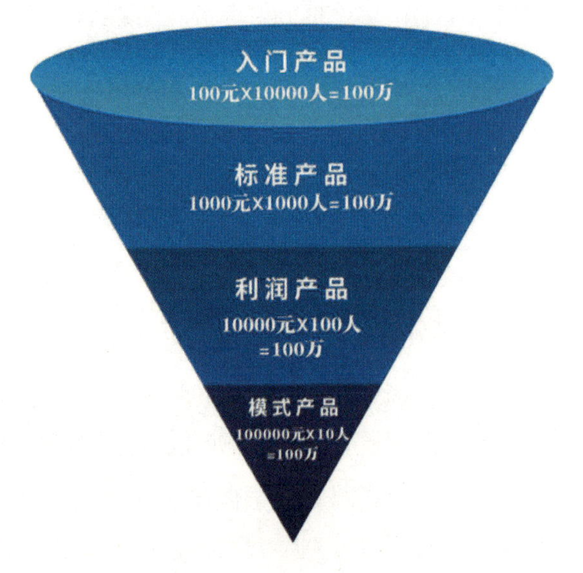

图 B—5 企业产品链设计

如果入门产品门槛足够低，比如进来 1 万名客户，每位客户都购买了 100 元的产品，那么公司就收了 100 万元。当然这 1 万名客户，有可能会通过服务转化出 1000 位，进入到标准产品的门槛，标准产品门槛就更高了，每一个客户消费 1000 元，这时就收了 100 万元。这 1000 名客户里又有 100 名客户买了利润产品，利润产品是 1 万元一个，那这个时候也收了 100 万元。最后这 100 名客户有 10 名客户进来做合伙人，就是做了模式产品。

模式产品最常见的一种方式，就是合伙人或者叫作代理商。

企业一定要把合伙人这个模式设计出来，重点打造合伙人的模式，加速变现，那么人人就会成为企业的渠道商，业绩自然逆势增长。

因此，入门爆品的目的是用来引流，标准产品一般都是批量化生产，利润产品一般都是定制的服务。

所有的公司，都可以把这四层产品链设计出来。越是上面的部分，给员工的提成比例越高，越是下面的部分，给员工的提成比例越低。所以公司挣后端的钱，让员工挣前端的钱，这样员工能挣到钱的同时，公司的利润也慢慢地出来了，这样的团队就很容易被激活。

如果企业没有入门产品，那么团队就养不起来。所以做营销、产品、团队，它是一个系统。

B3 真正的营销是：产品、营销、团队三位一体

真正的营销，先做产品，再做营销，最后是做团队，这是三位一体的。不同的产品配不同的营销方式，用不同的团队去服务。

图 B—6 企业营销模式设计

因此，要把公司进行分层。分层的核心是业绩。业绩不断地上涨，就要不断地做产品，不断地做团队，不断地做营销，那么这个公司的生意就会越来越好。

这是一个公司发展的内核，第二个维度是营销，第三个维度是团队。如果是做入门产品，那就是“爆品”，也就是 APP 营销。

APP 代表的是互联网营销。所谓的互联网营销就是一定要线上线下相结合，即 O2O 模式。

比如有门店，客户到了店里以后，就算没有合作，也必须要把他留存。留存下来就到了企业的数据库里，所以客户并没有“离开”，店里再有好的产品，就往店里导流，这个叫作 APP 营销。这个时候，一般用基层团队去做。

第二个叫作利润产品。如果入门产品没有什么利润，那么后端就要设计利润产品，其实就是要办理会员卡。不管是“卖转租”，还是利润分成或者保底收益，总而言之要把用户变成会员，所以要用中层团队去进行服务。越是重要的产品，服务人员的层次就要越高。

第三个是模式产品，模式产品就是卖产品卖到最高境界了。比如说合伙人和代理商的模式，即 OPP 营销。OPP 营销其实就是卖合伙人，让别人不但成为你的客户，还要成为你的合作伙伴。其实就是从消费者变成消费商，消费商不但是你的消费者，同时又是你的商业合作伙伴。

OPP 其实就是会务营销。老板要学会在这种会销里面去收钱，学会在会销里，把你的朋友或者客户，变成你的合伙人。

如果变成你的合伙人了，公司里就要用高层团队去进行服务，因为都是事业合伙人了，必须要让有级别的高层团队去服务合伙人。

这就是做营销转型的一张“总表”，老板不能只考虑营销的方法，同样一个方法，放在不同的人手上，干出来的结果也是会有差别。

为什么建议企业要打造团队，因为没有团队，再好的营销也没有用。有好的营销通路，没有好的产品设计也没有用。

真正的营销高手，都是解决企业的根本问题。这些根本问题解决了，企业的营销业绩自然而然的就会开始暴涨！